U0515803

常见文物生僻字
小字典

盛 建 武 主编

文物出版社

图书在版编目（CIP）数据

常见文物生僻字小字典／盛建武主编．－－北京：文物出版社，2012.3（2024.5 重印）

ISBN 978－7－5010－3278－5

Ⅰ.①常…　Ⅱ.①盛…　Ⅲ.①文物－名词术语 ②汉字：生僻字－字典　Ⅳ.①K86－61 ②H163

中国版本图书馆 CIP 数据核字（2011）第 191140 号

常见文物生僻字小字典

主　　编：盛建武

责任编辑：李　东
再版编辑：智　朴
封面设计：康　燕　张希广
责任印制：王　芳

出版发行：文物出版社

社　　址：北京市东城区东直门内北小街 2 号楼
邮　　编：100007
网　　址：http://www.wenwu.com
经　　销：新华书店
印　　刷：北京君升印刷有限公司
开　　本：850mm×1168mm　1/36
印　　张：5.888
版　　次：2012 年 3 月第 1 版
印　　次：2024 年 5 月第 4 次印刷
书　　号：ISBN 978－7－5010－3278－5
定　　价：45.00 元

《常见文物生僻字小字典》
编 委 会

主 任
黄新初

副主任
郑晓幸　　王 琼　　盛建武

委 员
黄新初　　郑晓幸　　王 琼　　盛建武
刘 弘　　陈志学　　唐 亮　　胡 蔚

主 编
盛建武

副主编
刘 弘　　陈志学　　唐 亮　　胡 蔚

主要编撰人员
李媛(川博)　　张 琴　　陈 舒
王 楠　　刘灵鹤　　李媛(凉博)
胡婷婷　　贾 丽　　黄云松

目　　录

序

  由四川博物院和四川省凉山彝族自治州博物馆合作编写的《常见文物生僻字小字典》即将出版，嘱我为序。我看过这本小册子后，感到十分欣慰，他们做了一件十分有意义的工作。

  博物馆作为收藏、保护、陈列、展示、宣传人类文化和自然遗存的重要场所，是国民教育体系的重要组成部分。随着我国博物馆免费开放的进一步推进，作为公益性、公共文化服务机构的博物馆，在公众文化生活中的地位进一步凸显；博物馆已经成为传播先进文化、传承灿烂民族文化和优良民族传统的重要场所。

  我国的古代文物多收藏在各级博物馆中，浩若星汉的各种文物是我国悠久历史和灿烂文化的物质载体。其数量众多、种类繁杂，且许多文物多有专名、专称。以青铜器为例，许多青铜器的名称多为专指，而且所用汉字在日常生活中很少出现，对于公众来说已经成为生僻字。公众在博物馆参观时，文物中经常出现的生僻字，在一定程度上已经成为公众进一步认识和理解文物的障碍。如何更好地为公众服务，将灿烂辉煌的中华文明通过一件件具体的文物展示出来，是新形势下我国博物馆需要积极探索的课题。

  《常见文物生僻字小字典》旨在解决公众在认识和理解文物过程中所遇到的生僻字问题，是一个具有开创性的探索和尝试。盛建武先生作为博物馆馆长能想到这个问题并努力去解决它是值得赞赏的。

该书广泛收集与文物信息相关的生僻字，涵盖公众观展过程中可能遇到的各类常见文物。且每字附有简单释义，并尽可能配以图片进行说明，可谓图文并茂，对广大文物爱好者、文博基层工作者来说是一本非常实用的工具书。

迄今为止，我国还没有一本关于文物生僻字方面的专著。由于是首次编写，在体例、内容等方面没有可以借鉴的成例，或许存在这样那样的不足。然瑕不掩瑜，他们的成绩和精神令人钦佩。

我国的文物数量十分巨大，文物中所见生僻字又何止百千，编写一本权威、全面、详实的文物生僻字专著是一个十分浩大的工程，绝非几个博物馆之力所能为之。所幸该书的编写已经为我们走出了可贵的第一步。

令人高兴的是，在全国多位相关专家和学者的关心和指导下，在全体工作人员的辛勤努力下，该书即将由文物出版社出版。在《常见文物生僻字小字典》付梓之际，我们应该给予四川博物院、四川省凉山彝族自治州博物馆的这种开创精神和"以观众为本"的办馆理念以高度的赞誉，同时也期待着他们能够有更多更好的成果出来。

2011 年 9 月

凡　　例

立目原则

1. 本书所收集的文物主要出自参考文献中所列的文物书籍，另有部分为全国省级以上博物馆所藏精品文物。

2. 本书所收录的文物保护单位（以下简称文保单位）名称主要为国务院核定公布的全国重点文保单位，名单截止日期为 2006 年 5 月 26 日；另外收录有部分省级文保单位名称，以备读者参考。

3. 本书共收录常见文物名称、文保单位名称中出现的生僻字以及与文物相关的生僻字共 879 个。其中常见文物名称主要指国内大型博物馆（院）基本陈列展览中的藏品名称、省级博物馆网站中公布的精粹藏品名称以及主要参考文献中出现的常见文物名称。

4. 本书所收生僻字是指《简化字总表》中列出的常用字、次常用字以外的字及常用字、次常用字中与文物名称相关的非常见读音、非常见义项。

5. 文物名称、书画家名称、文保单位名称习惯上沿用繁体字或异体字的，均单独立目，并在释义中加以说明。

6. 青铜器名称中有争议的词条暂不收入；原来隶写为生僻字，现已更改为非生僻字的也不收入。

排序

7. 本书所收大字头均按部首分类，并依照笔画数由少到多顺序排列。同笔画数的，按起笔笔形横（一）、竖（丨）、撇（丿）、点（丶）、折（乛）顺序排列。第一笔相同的，按第二笔排列，依此类推。书前附《部首检字表》，供读者按部首检字之用。

字形

8. 本书采用简体字排印，大字头后括注繁体字、异体字。

9. 凡本书所收繁体字在《简化字总表》中无对应简化字者，本书不作类推简化。

10. 简体字与对应繁体字、异体字义项部分重合的，在相关繁体字、异体字右上角标注相应义项序号。如"匜（匜、鉈①）"。

注音

11. 本书参照《汉语拼音方案》注音，注音兼顾文物名称、书画家姓名、文保单位名称的习惯读音。

12. 多音字只收与文物相关的音项，各音项用①②③……分列，序号置于注音前。

13. 释义、引文中所出现的生僻字均随文括注读音。

14. 本书中通假字与被通假字读音完全不同的，注音采用通假字本字读音。

释义

15. 释文包括大字头、注音、大字头相关释义和引文、例词、例词相关释义和引文。例词以"【】"括注。

16. 本书释义只收与文物相关的的义项。有多义项者用1. 2. 3. ……分列，序号置于释义前。

17. 人名、地名、族名用字只针对相关例词释义。

18. 引文标注出处及原文。引文出处一般标注年代、作者、著作名或篇名；常见典籍则只标注著作名；原文收入文集或选集者，一律标注著作名或篇名，不另标注所收录文集或选集名。著作名、篇名一律采用习惯格式标注。引用诗歌篇名则在名称后加"诗"字，如"明·杨慎《崤关行》诗"。

19. 本书释义重合者采用互见的形式。释义全部重合的，在释文最后标"详见"；部分重合的，在释文最后标"参见"。

20. 例词的选择按照不同文物类别、文保单位名称、作者名及作品名分别列出。同一类别涉及多个词条时，选择其中1~2项作为代表，原则上所选例词不超过3条。如"囧"条例词【囧纹中柱盘】、【王囧】、【庄囧生】。

插图

21. 本书针对有助于释义理解，且能清晰反映文物轮廓或内容的例词配以插图。图下注明特定文物的名称、时代。

附录

22. 本书编撰所使用的主要参考文献见"参考书目";部分文物沿用其收藏单位官网所公布的信息,不再另外出注。

部首检字表

　　1. 本表采用的部首基本依据《汉字统一部首表（草案）》，共 136 部。按笔画数由少到多顺序排列，同画数的，按起笔笔形横（一）、竖（丨）、撇（丿）、点（丶）、折（乛）顺序排列，第一笔相同的，按第二笔，依次类推。

　　2. 在《检字表》中，繁体字和异体字加有圆括号；同部首的字按除去部首笔画以外的画数排列。

　　3. 检字时，需先在《部首目录》里查出待查字所属部首的页码，然后再查《检字表》。

（一）部首目录

（部首右边的号码指检字表的页码）

一 画			
丿	7	厂	7	勹	8
丶	7	匚	7	匕	8
乛（乙乚）	7	卜	7	讠（言）	8
二 画		刂	8	凵	8
		冂	8	卩	8
二	7	亻	8	阝（在左）	8
十	7	人（入）	8	阝（在右）	9

（二）检字表

（字右边的号码指字典正文的页码）

乂　yì。【乂壶】商代中期青铜酒器。小口有盖，长颈，圆肩，鼓腹，圈足。足上有三圆形镂孔。肩两侧各有一系，可穿梁提携。肩饰兽体目纹，腹满饰兽面纹。圈足内壁铸"乂"字，当是作器者族徽。现藏于上海博物馆。（图1）

图1　乂壶（商代中期）

爻　yáo。【爻爵】商代晚期青铜酒器。卵形腹，流尾长且上扬，双菌状柱立于流折处，三棱形锥状足外撇。腹部饰兽面纹。兽首形鋬，鋬内有一铭文，形似"爻"字，当是作器者族徽。现收藏于上海博物馆。（图2）

图2　爻爵（商代晚期）

斝　①nì。【登斝方罍】商代晚期青铜酒器。方形，直颈，斜弧肩，深腹下敛，方圈足外撇。肩部一对兽首衔环耳，后腹下部设一兽首鋬。器身有六道棱脊，正面一对不连续棱脊把器盖和器腹部分的突目饕餮纹剖为两半，颈部和圈足饰相向夔龙纹，肩部饰凤鸟纹。盖作四阿形。盖内铸铭文"登斝"二字，当为作器者族徽。该器1978年出土于辽宁喀左小波汰沟。现藏辽宁博物馆。②jǐ。同"戟"，古代兵器，详见76页"戟"条。

甬　yǒng。1. 古代钟柄名。（图3）《周礼·考工记·凫氏》："凫（fú）氏为钟……舞上谓之甬，甬上谓之衡。"甬本是钟，后人用字变迁，乃缩小其义为钟柄。2. 通"桶"，古斗斛一类量器。

宋·欧阳修《集古录》："谷口铜甬，容十斗，重四十斤。"

甬

图3　甬部示意图

亘 gèn。【亘鬲】商代前期青铜食器。侈口，双立耳，短颈，高裆袋足，下承中空尖足。颈饰三道弦纹，腹饰双线人字纹。器内壁铸铭文"亘"字，当是作器者家族徽号。该器现藏中国国家博物馆。

卍（卐） wàn。佛教吉祥标志，来自梵文，义为"吉祥万德之所集"。卍本非字，唐代武则天定音为"万"。佛经中又写作"卐"。后逐渐成为民间常用的装饰图案。

卉 huì。"卉"字异体。【卉纹方钺】二里头文化晚期青铜兵器。又称为镶嵌十字纹方钺。方形平刃，刃角外侈。长方形内。肩有两穿。钺身中部有一圆穿孔，周围镶嵌两圈绿松石图案，外圈为十二组十字纹，内圈为六组十字纹。因三个十字纹可组成卉形，与"卉"字十分相似，故约定俗成地将其称为"卉纹方钺"。出土时间、地点不详，现收藏于上海博物馆。（图4）

**图4　卉纹方钺
（二里头文化晚期）**

屋 zhì。【萧屋泉】即萧俊贤。萧俊贤（1865—1949），现代画家。字屋泉，初作稚泉，号铁夫，又号天和逸人。湖南衡阳人。作品有《碧海青天图》、《山居图》等。

厤 lì。【厤方鼎】西周早期青铜食器。立耳，长方形腹，柱足。腹部四边饰象鼻龙纹和目雷纹，足饰兽面纹。腹内壁铸铭文19字，其中"厤"为作器者名。该器现藏于上海博物馆。（图5）

图5　曆方鼎（西周早期）

区（區）ōu。中国古代容器；又用为容量单位。《左传·昭公三年》："齐旧四量：豆、区、釜、钟。"【公区陶量】战国时期齐国量器。陶质，广口，深腹。腹部有绳纹。壁上有戳印铭文两处，一处阳文"公区"，另一处阴文"里人"。该器出土于山东淄博，现收藏于中国国家博物馆。（图6）

图6　公区陶量（战国）

匜（鉈、鉈）yí。古代水器，后亦用作酒器。青铜匜出现于西周中期，盛行于西周晚期，流行至战国。其腹部横截面多近于椭圆形，腹身似瓢，前有流、后有鋬。早期多有足。（图7）也有陶制的，多为明器。《左传·僖公二十三年》："奉匜沃盥（guàn）。"杜预注："匜，沃盥器也。"《礼记·内则》："敦（duì）牟卮（zhī）匜，非馂（jùn）莫敢用。"孔颖达疏："匜，盛酒浆之器。"

图7　匜

匮（匱、櫃、鐀）guì。古同"柜"。一种收藏东西用的家具，通常作长方形，有盖或有门。《说文·匚部》："匮，匣也。"《尚书·金縢》："公归，乃纳册于金縢之匮中，王翼日乃瘳（chōu）。"【虎符石匮】新莽时期石质藏物器。虎符石匮的"匮"同"柜"。整体由花岗岩雕成，分上下两部分，上部为俯卧状石虎，石虎俯卧于长方形基座上；下部称石匫。石虎基座及石匫正面从右至左凿阴刻有铭文 3 行 22 字。上部和下部分别于 1944 年和 1986 年出土于青海省海北藏族自治州西海郡城遗址，现收藏于青海省博物馆。(图 8)

图 8　虎符石匣 (新莽)

匫 suǎn。1. 古代行冠礼时用来盛帽子的器物。(图 9)《仪礼·士冠礼》:"爵弁、皮弁、缁布冠，各一匫。"2. 古代淘米或盛饭用的竹器。《说文·匚部》:"匫，渌 (lù) 米籔 (sǒu) 也。"

图 9　匫

卣 yǒu。先秦时期的酒器名。《尚书·洛诰》:"伻 (bēng) 来毖殷，乃命宁予以秬 (jù) 鬯 (chàng) 二卣。"然青铜器于铭文中未见有自名为卣者。现在统称为卣者，乃从宋人之说。流行于商代至西周初期。共有特征为:敛口，硕腹，颈部两侧有提梁，上有盖，盖上有钮，下有圈足。(图 10)

图 10　卣

刈 yì。割草或谷类的农具。《国语·齐语》:"时雨既至，挟其枪刈耨镈 (nòu bó)，以旦暮从事于田野。"【刈钩】镰刀之类的农具。据考证，与普通的镰相比，其身更为弯曲，汉代已普遍采用铁制品。

刉 gōng。即铚 (zhì)，短镰。《广雅·释器》:"铚谓之刉。"

刖 yuè。古代断脚的酷刑。《周礼·秋官·司刑》："刖罪五百。"【刖人守囿辊（yòu wǎn）车】西周晚期青铜明器。方箱式车体，箱盖正中有猴钮，旁有四个可任意转动的小鸟。车箱四角置四只回首顾盼的熊罴（pí），两侧中部俯伏一对小虎。车箱两旁铸有两对小鸟。车有六轮，前有两只卧虎抱四个小轮，后有一对大轮。后门上嵌铸一守门刖人。该器 1988 年出土于山西闻喜上郭村。现藏山西省考古研究所。

刟 jī。【刟劂（jué）】也作"刳剧（jué）"。刻镂的刀具。《广雅·释器》："刟劂，刀也。"王念孙疏证："刟之言阿曲，剧之言屈折也。《说文》：'刟剧，曲刀也。'剧与劂同。"

蒯 kuǎi。【蒯聩（kuì）台遗址】新石器时代遗址。该遗址自下而上叠压着仰韶文化、龙山文化、商、周、汉代几个文化层，以新石器时代遗存为主。2000 年公布为河南省文物保护单位。蒯聩台，地名，位于河南省濮阳市。蒯聩，人名，即卫庄公。

劂 jué。刻镂的刀具。详见本页"刟"条"刟劂"。

内 nèi。戈戟刃下接柄之处。（图 11）《周礼·考工记·冶氏》："戈广二寸，内倍之，胡三之，援四之……长内则折前，短内则不疾。"郑玄注："内谓胡以内接柲（bì）者也，长四寸。"贾公彦疏："内倍之者，据胡下柄入处之长……云内谓胡以内接柲者，即柄也。"

图 11　内部示意图

冏 jiǒng【冏纹中柱盘】商代前期青铜器，用途未详。侈口，折沿，斜弧腹，圈足。腹外壁及圈足饰弦纹，腹底中央立一菌状圆柱，因柱顶纹饰似"冏"字，故名。又名涡纹中柱盂。1982 年出土于河南郑州东关南里，现收藏于郑州市博物馆。（图 12）【王冏】（生卒年不详），清代书画家。字仲山。安徽宣城人。作品有草书扇片、草书七言绝句等。【庄冏生】（1627—1679），清代书画家。字玉璁（cōng），号澹（dàn）庵，江苏武进人。作品有《漆园印型》、《大士法像》、《岩壑（hè）结屋图》、《溪居读书图》等。

图 12　冏纹中柱盘（商代前期）

饻　yín。【溥饻】（1893—1966），现代书画家。字雪斋、学斋，号松风主人。清道光皇帝的直系后人。以书画为名，其山水、花鸟、人物、鞍马均具风采，兼善画兰，风神飘逸，在画坛上堪称一绝。作品有《泉壑秋晴图》等。

饳　móu。【元饳墓志】北魏墓志铭。元饳墓志全称《魏故太尉府参军事元君之墓志铭》。石质。墓志长方形，下有短榫（sǔn），正反两面皆刻有文字。正面楷书 13 行，行 19 字。笔致方整谨严，行笔精练，为魏碑中之上品。1926 年出土于洛阳北四十里陈凹。元饳，人名，北魏人。

饎　qī。同"魖"。古代驱除疫鬼时用的面具，又叫

饎头。《荀子·非相篇》："仲尼之状，面如蒙饎。"【饎醜（chǒu）】亦作"饎丑"，古代祈雨时用的土偶。《集韵·之韵》："饎，淮南祈雨土偶人曰饎醜。"

饏　chù。【文饏】（1595—1634），明代女画家。字端容。长洲（今江苏苏州）人。精于花草虫蝶。作品有《石榴花图》、《花蝶图》、《墨梅图》等。

饏　péng。【饏生簋】西周中期青铜食器。旧称"格伯簋"。直壁圆腹，方座，两环耳为卷尾龙形。盖、腹饰瓦棱纹，圈足饰火纹、四瓣目纹，方座饰兽目交连纹，间以火纹。器内底铸铭文 82 字，记述器主"饏生"与格伯的一次以物易田的交易，具有极高的史料价值。该器现藏上海博物馆。（图 13）

图 13　饏生簋（西周中期）

偪 fú。【偪阳】一作逼阳。古国名。在今山东省枣庄市台儿庄区涧头集、张山子镇一带。【偪阳故城】周代城址。位于山东省枣庄市。为偪阳国故城遗址。2006 年公布为全国重点文物保护单位。

偈 jì。佛经中的唱颂词，"偈陀"之省。【七佛偈】北宋摩崖刻石。黄庭坚书，楷书，15 行、行 14 字。题刻于庐山秀峰寺后读书台侧。另有其他书法家所书同一题材的书法作品。黄庭坚（1045—1105），北宋诗人、词人、书法家。字鲁直，自号山谷道人，晚号涪翁，又称豫章黄先生。洪州分宁（今江西修水）人。工于书法，真、行、草俱佳，与苏轼、米芾、蔡襄并称"宋四家"。书法作品有《婴香方》、《王长者墓志稿》、《泸南诗老史翊正墓志稿》、《李白忆旧游诗卷》、《诸上座帖》等。

偁 chēng。【朱偁】（1826—1900），清代画家。早岁名琛，字梦庐，号觉未，别署鸳湖散人、玉溪外史、玉溪钓者、鸳湖画史、胥山樵叟。浙江嘉兴（今浙江嘉兴）人。工花鸟，为海上名家。作品有《仿白阳图扇》、《花鸟图屏》等。

傥 tǎng。【傥骆道遗址周至段】古栈道遗址。位于西安市周至县。2008 年公布为陕西省文物保护单位。傥骆道，古栈道名，是连接关中与汉中盆地最近捷的古道路，始通于三国。因其南口位于汉中洋县傥水河口，北口位于周至县西骆峪，故名。也称骆谷道。

傩（儺） nuó。古代的一种风俗，迎神以驱逐疫鬼。傩礼一年数次，大傩在腊日前举行。《吕氏春秋·季冬纪》："命有司大傩，旁磔（zhé），出土牛，以送寒气。"汉代画像石上常见大傩图。【傩戏】又称傩堂戏、端公戏。是在民间祭祀仪式基础上吸取民间戏曲而形成的一种戏曲形式。源于远古时代的巫歌傩舞。广泛流行于安徽、江西、湖北、湖南、四川、贵州、陕西、河北等省。【大傩图】宋代画作，作者佚名。绢本，设色。该画作真实地反映了大傩风俗。现收藏于北京故宫博物院。

儋 dān。【儋州故城】古城遗址。位于海南省儋州市。时代从唐代延续至清代。

2006 年公布为全国重点文物保护单位。【宋儋】（生卒年不详），唐代书法家。字藏诸。广平（今属河北省）人。善楷、隶、行、草。作品有《道安禅师碑》等。

仝 tóng。【关仝】（约 907—960），五代后梁画家。一作关同、关穜（tóng）。长安（今陕西西安）人。作品有《山溪待渡图》、《关山行旅图》等。

俎 zǔ。古代祭祀时放祭品的器物。形似长方形案，中间微凹，两端有柱形足或壁形足。青铜质或木质。先秦时期用俎承祭肉，常与鼎、豆成组合使用，也是一种礼器。（图 14）《周礼·天官·膳夫》："王日一举，鼎有十二，物皆有俎。"

图 14　俎

僰 bó。中国古代西南地区少数民族。春秋前后居住在以僰道为中心的今川南以及滇东一带。【僰人悬棺葬（墓）】宋至清代的墓葬群。

位于四川省珙（gǒng）县。1988 年公布为全国重点文物保护单位。僰人悬棺葬是我国古代西南地区少数民族僰人的一种墓葬形式，在四川西部、云南西北部有较多发现。四川省珙县是悬棺葬（墓）分布最多和最集中的地方之一。

訇 hōng。【訇簋】西周中期青铜食器。又称询簋。低体宽腹，矮圈足外侈，盖上有圈状捉手，口沿下有一对兽首衔环耳。通体饰瓦棱纹。盖内铸铭文 132 字。訇为作器者名。1959 年出土于陕西蓝田县寺坡村西周铜器窖藏，现收藏于陕西历史博物馆。

吴 yí。【亚吴盘】商代后期水器。圆形，折沿，高圈足。盘内饰龙纹，龙首居中，身尾盘绕其外。外腹部饰雷纹带与三只浮雕兽头。圈足上部有三个等距离的较大圆形孔，

图 15　亚吴盘（商代后期）

圈足下部在云雷纹地上饰有三组兽面纹，中间隔以扉棱。盘内底龙首处有铭文"亚吴"2字，当是作器者族徽。现收藏于北京故宫博物院。（图15）

诣 yì。【诣安堡】又称诣安城，明清军事城堡。位于福建省漳浦县。康熙二十六年（1687）建造。其是一座保存基本完好，具有历史价值和地方特色的民间军事城堡。2001年公布为全国重点文物保护单位。

诔（誄） lěi。古代文体之一，叙述死者生前事迹，表示哀悼的文章，亦为谥法所本。《周礼·春官·大祝》："作六辞以通上下亲疏远近，一曰祠，二曰命，三曰诰，四曰会，五曰祷，六曰诔。"【曹娥诔辞卷】东晋书法作品，因卷末署有"升平二年"款，又名为《升平帖》。绢本。通篇以小楷书写就，犹存隶书笔意。作者不详，传为汉代少女曹娥碑文的写本。过去认为是出自王羲之手笔，后定为无名氏书。现藏辽宁省博物馆。曹娥，东汉人，为寻找溺江而亡的父亲舍身投江。东汉元嘉元年（151），上虞县长度尚为彰其孝行而立碑。

诜（詵） shēn。【王诜】（1036—约1093年，一说1048—1104前后），北宋书画家。字晋卿。山西太原人，后徙居河南开封。作品有《渔村小雪图》、《烟江叠嶂图》等。

诩 xǔ【郭诩】（1456—1532），明代画家。字仁弘，号清狂。江西泰和人。工书画，尤擅长山水人物、花鸟牛马。其画作多有题跋，诗画结合，隽永有致，寓意纯正，具有深刻的社会意义。作品有《杂画册》、《琵琶行》、《花卉草虫画册》等。

諓 nìng。同"佞"。【諓簋】西周昭王时期青铜食器。1981年陕西长安花园村西周墓出土两件，形制、纹饰、大小、铭文基本相同。侈口、鼓腹、圈足下连铸方禁。立体凤鸟纹双耳。通体雷纹地，饰花

图16　諓簋（西周）

冠凤鸟和斜角式目纹。凤鸟纹上阴刻雷纹。内底铸铭文 18 字，记诹随昭王征伐荆楚之事。该器现藏于陕西历史博物馆。(图16)

谟(謨) mó。【罗文谟】(1902—1951)，著名书画家和美术活动家。字静盦(ān)，号双清馆主。四川荣县人。多有画作和书法作品传世。

繺 luán。【宋公繺簠】春秋晚期青铜食器。长方体，直口，折壁，深腹，矩形圈足。腹侧为一对小兽首耳。器内壁铸铭文 2 行 20 字，其中"宋公繺"为作者者宋景公之名，铭文自称为商族"天乙唐"(成汤)后裔，具有极高的史料价值。该器 1978 年出土于河南固始侯古堆春秋墓。现藏河南省文物考古研究所。

谳(讞) yàn。【公谳诗】明代宋克书法作品。纸本，草书，6 行 110 字。内容为《公谳诗》。宋克(1327—1387)，明代书法家。字仲温，一字克温；居南宫里，号南宫生，人称南宫先生。吴郡长州(今江苏苏州吴县)人。作品有《李白行路难》、《七姬志》、《杜子美

诗》、《定武兰亭跋》等。《公谳诗》，诗名，三国时期曹植作。

凿(鑿) záo。即凿子，木工挖槽打孔用的工具。其基本特征为：通体长条形，有单面刃或双面刃，多用铜、铁制之。《论衡·效力篇》："凿所以入木者，槌叩之也；锸(chā)所以能撅(jué)地者，跖(zhí)蹈之也。"(图17)

刃　体　孔　銎口
銎部

图 17 凿

卮 zhī。同"卮"。古代酒器，多为漆器。《史记·项羽本纪》："项王曰：'壮士，赐之卮酒。'"【黑漆银镂云气纹卮】秦代漆器。木胎。圆筒形，直壁，平底，单环形銎(pàn)，有盖。器表髹(xiū)黑漆，里髹朱漆。盖顶与器身外壁贴饰银箔云气纹和

图18　黑漆银镂云气纹卮(秦代)

勾连交错的几何纹样。1978年湖北云梦睡虎地 46 号墓出土，现收藏于湖北省博物馆。（图 18）

卯（夘） mǎo。器物上安榫头的孔眼。【榫卯】榫头和卯眼。（图 19）

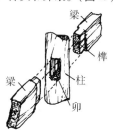

图 19　榫卯示意图

夘 bì。【四祀夘其卣（yǒu）】又名四祀夘其壶。商代晚期青铜酒器。长颈，鼓腹，圈足，颈两侧有耳，连犀首提梁。盖有圈形捉手，面饰方格纹、联珠纹，器盖对铭 4 字，圈足外底有铭文 8 行，是商代青铜铭文较长者。现收藏于北京故宫博物院。夘其当是作器者名，又见于二祀夘其卣、六祀夘其卣。

卲 shào。【卲之飤（sì）鼎】战国时期青铜食器。"卲"通"昭"，或以为是楚昭王或楚国昭氏家族之器。详见 34 页"飤"条"卲之飤鼎"。

卺 jǐn。古代举行婚礼用的酒器，以瓢为之。【合卺】古代婚礼中的一种仪式。剖一瓠（hù）为两瓢，新婚夫妇各执一瓢，斟酒以饮。后多以"合卺"代指成婚。

陂 bēi。【木兰陂】我国古代大型水利工程。位于福建省莆田市区西南木兰山下。始建于北宋治平元年（1064），是国内现存最完整的古老陂坝工程之一，至今仍保存完整并发挥其水利效用。1988 年公布为全国重点文物保护单位。

陉（陘） xíng。【井陉窑遗址】隋至明清代窑址。位于河北省井陉县，2001 年公布为全国重点文物保护单位。【井陉古驿道】明至清代道路遗址。位于河北省井陉县。井陉古驿道自古是冀晋间太行山腹地的一条交通要道，素有"冀晋通衢（qú）"之称。2006 年公布为全国重点文物保护单位。

隘 ài。【隘口石坊】清代牌坊建筑。位于四川省宜宾市珙（gǒng）县玉和苗族乡隘口村。建成于清道光二十九年（1849）。该牌坊为清代贡生谢正业奉皇命为其母亲何慈惠修建的贞节牌坊，四柱三间五楼式石牌坊，具有较高的历史文化内涵和艺术价值。2006 年公布为国家重点文物保护单位。

隰 xí。【隰城遗址】周代遗址。位于河南省武陟（zhì）县。2008 年公布为河南省文物保护单位。山西柳林县另有一隰城遗址，为汉代诸侯王城。【隰西草堂集】清代万寿祺作品，纸质，四册一函，线装。万寿祺（1603—1652）明末清初文学家、书画家。字介石，号年少，入清更名寿，字内景。自署沙门慧寿，又号明志道人。江苏徐州人。工书画，精于六书，癖嗜印章。作品有《秋江别思图》、《松石图》、《山水图》、《沙门慧寿印谱》等。

邛 qióng。【什邡（fāng）堂邛窑遗址】隋至宋代民间瓷窑遗址。位于四川省邛崃县南河乡什邡堂村。邛崃，唐至明清均属邛州，故名邛窑。创烧于隋，其后盛于唐而终于宋。该窑古无文献记载，20 世纪 30 年代始被发现，引起考古界、古陶瓷界重视。是四川青瓷最有代表性的古代瓷窑址之一。1988 年公布为全国重点文物保护单位。

邙 máng。山名，即北邙山。位于河南省洛阳市北黄河南岸，是秦岭山脉的余脉——崤（xiáo）山支脉。【邙山陵墓群】东周至北魏时期墓葬群。位于河南省洛阳市、孟津县境内东西长近 50 公里、南北宽约 20 公里的邙山上。致呈东西向长条形分布，陵墓群年代从东周到东汉、曹魏、西晋、北魏，一直延续到五代的后唐。2001 年公布为全国重点文物保护单位。

邳（邳） pī。邳，商周时期小国，任姓，在今江苏邳县一带。【邳伯罍】战国时期青铜酒器。侈口，束颈，宽肩，鼓腹，平底。肩上有牛兽耳衔环。通体饰蟠虺纹和垂叶纹。口沿有铭文 29 字，记邳伯夏子自作尊罍。山东枣庄出土，现藏于山东省博物馆。（图 20）

图 20　邳伯罍（战国）

邿 shī。古国名，春秋时为鲁所灭。故地在今山东省济宁市东南。《左传·襄公十三年》："夏，郰乱，分为三。师救郰，遂取之。"【郰召簠】春秋早期青铜食器。长方形，直口，腹壁斜收成平底，腹两侧有一对兽首耳，矩形圈足。口沿和圈足饰变形兽体纹，腹饰蟠螭纹，盖与器造型、纹饰相同。盖、器同铭，各23字。"召"为作器者私名。1995年出土于山东长清仙人台周代郭国贵族墓地，现收藏于山东大学博物馆。（图21）

图21　郰召簠（春秋早期）

郏 jiá。古县名。春秋郑邑，后属楚。故地在今河南省郏县。【郏县文庙】金至清代建筑。又称文宣王庙、孔庙、夫子堂。位于河南省郏县。为典型的左学右庙建筑形制，既是郏县的学宫，又是郏县古代官方、孔氏家族、社会各界祭拜孔子的专祀庙宇。

2006年公布为全国重点文物保护单位。

郂 zhū。春秋诸侯国名，在今山东省邹城市。【郂国故城】周至汉代城址。位于山东省邹城市。始建于春秋，延续至北齐年间。平面近似长方形。经考证，城内分布有郂国宫殿区、贵族墓地和手工业作坊区，是中国现存较为完整的东周时期都城遗址之一，有重要的考古研究和历史价值。2006年公布为全国重点文物保护单位。【郂公华钟】春秋后期青铜乐器。鼓部饰蟠龙纹，鼓部和钲部铸铭文75字。其中"郂公华"即郂宣公之子悼公。现收藏于中国国家博物馆。郂，金文作"鼀"。

郰 xì。姓。【郰愔（yīn）】（313—384），晋代书法家。一名郰鉴子，字方回。高平金乡（今山东金乡）人。长于章草。作品有《九月》、《廿四日》、《远近》等。

郚 wú。古邑名。在今山东安丘县西南。【郚城古城遗址】新石器时代遗址。位于山东省安丘市。遗址区文化层深达4米，从新石器时代龙山文化延续至隋唐，以龙山文化为主。出土的文物极具特色，时间连续性强。1992 年公布为山东省文物保护单位。

郢 yǐng。古邑名。春秋战国时楚国都城，位于湖北省江陵县纪南城。公元前 278 年秦拔郢，地入秦。地在纪山之南，故称为纪郢。又因地居楚国南境，故又称为南郢。《左传·文公十年》："沿汉沂（sù）江，将入郢。"【郢爰（称）】以前误读为"郢爰（yuán）"。楚国金币名。黄金质，世称"印子金"。它的制法是在一块金板上划出许多规则的小方格，格内有篆文"郢爰"二字，形式似印章。是我国已知最早的黄金铸币，支付时切割成小块，称量使用。楚国类似的货币还有"陈爰"、"鄟（zhuān）爰"等。

郜 gào。【阮郜】（生卒年里不详），五代南唐画家。传世作品有《仙女图》、《阆（làng）苑女仙图》、《贤妃盥手图》等。

郟 wǒ。古地名。楚王子申的封地，在今无锡、宜兴一带。【楚郟陵君鉴】战国时期青铜水器。折沿，平唇，

圜底，无耳，颈部微敛，与缓收的腹部界以一道细褶线。通体素面，颈部外壁铭文 1 行 30 字。1973 年征集于江苏无锡，现收藏于南京博物院。

郤 xí。古国名。据考证，郤为蜀中一小国，并与周室通婚。【郤娶簋】春秋前期食器。一名宗妇簋。敛口，鼓腹，圈足，下有三兽足。器两侧设兽首耳。盖边和器颈饰兽目交连纹，余为横瓦棱纹。盖器同铭，各铸 5 行 20 字。传清光绪年间出土于鄠（hù）县（今陕西户县），现收藏于上海博物馆。（图 22）

图 22   郤娶簋（春秋前期）

郳 ruò。古国名，有上郳、下郳之分。金文"郳"字特指上郳，地在今湖北宜城东南，后灭于楚，春秋后期为楚都。下郳，参见 139 页"蠚"条。【郳君戈】春秋后期青铜兵器。援向上微扬，援中有一凸脊，阑侧三穿，长方

扁平形内，中有一穿。援、胡上铸鸟篆铭文 4 字。1971 年湖北江陵出土，现收藏于荆州博物馆。（图 23）

图 23　郤君戈（春秋后期）

郯 tán。古国名。帝少昊之后，嬴姓。战国初灭于越，故地在今山东郯城一带。【郯国故城】东周至汉代城址。位于山东省郯城县。故城呈不规则四边形，今仅存西、北城墙局部。东、西、南、北 4 门为青石砌筑。东北部隆起部分是古台遗址，俗称帅军台。城址内曾出土石斧、绳纹陶片、残陶鬲等。2006 年公布为全国重点文物保护单位。

郾 yǎn。古国名，即燕国。"燕"金文作"匽"或"郾"。【郾王喜矛】战国后期兵器。矛体细长，两刃锋利，脊宽平。骹（qiāo）中空，呈亚腰形，上端有一穿。骹中部有铭文 6 字。1966 年河北保定征集，现藏于河北省文物研

究所。（图 24）郾王喜为燕国末代国君。

图 24　郾王喜矛（战国后期）

郋 xī。1. 古国名。西周分封的诸侯国。姬姓。公元前 680 年为楚所灭。故址在今河南省息县西南。《说文·邑部》："郋，姬姓之国，在淮北……今汝南新郋。"2. 古地名。春秋齐国南方边地。《左传·哀公十年》："公会吴子、邾子、郯子伐齐南郋，师于郋。"【郋子行盆】春秋后期食器。隆盖，敛口，平底。有盖，盖顶有圈形捉手。肩部有对称立式环耳。肩饰凸弦纹。器内底有铭文 2 行 11 字，盖少一字。1975 年湖北随县鲢鱼嘴出土，现藏湖北省博物馆。

鄎 xī。【鄎子宿车壶】春秋早期青铜酒器。壶盖呈圆形，筒形口，颈微内弧，圆鼓腹，平底，圈足。肩上有两贯耳。腹部饰绳纹三周。颈外铸铭文3行35字。"鄎子宿车"为黄国支族受封于奚邑者。该器1975年出土于河南罗山高店。现藏河南省信阳地区文物管理委员会。

郮 zhuān。古国名。春秋时鲁国的附庸国。故地在今山东郯（tán）城东北。【郮车季鼎】春秋中期青铜食器。圆腹，两立耳，三蹄足。腹上部饰有一道凸弦纹，耳正面有两道阴刻同形的直线纹，腹内壁刻有铭文14字。1956年江西省文物管理委员会征集于南昌，现收藏于江西省博物馆。

鄦 xǔ。古国名，后作"许"。周初分封的诸侯国。故地在今河南省许昌市东南。【鄦子钟】春秋时期青铜乐器。椭圆形，上小下大。篆部饰蟠龙纹。鼓部饰钟乳和饕餮纹。上有铭文65字，其中"鄦子"为作器者名。该器现名为"鄦子盙自钟"。

鄬 wéi。古地名。春秋属郑。在今河南省鲁山县境。【鄬子倗（péng）浴缶】春秋时期青铜水器。鼓腹、短颈、链环耳，是楚系青铜器特有器型。器身满布以红铜镶嵌的龙纹、涡纹，上下可分七组，夔龙纹两两相对：一龙回首，一龙前行。盖内口沿有铭文10字。此器自名为浴缶，鄬子倗为作器者名。1978年河南淅川出土，现收藏于河南博物院。（图25）

图25　鄬子倗浴缶（春秋）

鄫 zēng。1. 周代诸侯国名，在今山东省枣庄市东。2. 春秋时郑国附庸国，在今河南省柘（zhè）城县北。【鄫伯鼎】春秋早期青铜食器。双耳，腹微鼓，三蹄足。腹饰有重环纹和环带纹，腹内壁铸有15字铭文。鄫伯为作器者名，现名为"鄫伯従（cóng）寵（chǒng）鼎"。征集于湖北武汉，现收藏于武汉市文物管理处。

鄩 xún。【鄩仲匜】春秋早期青铜水器。器身呈瓢形，前有长流，后有屈兽为鋬，下为四兽形足。口沿外壁饰兽体卷曲纹，腹饰瓦棱纹。内底铸铭文 3 行 20 字，其中"鄩仲"为作器者名。该器 1981 年出土于山东临朐泉头村，现藏山东省临朐县文物博物馆。（图 26）鄩，古国名，在今山东潍坊市境。

图 26　鄩仲匜（春秋早期）

嫠 lí。【师嫠簋】西周中期青铜食器。盖沿及口沿均饰变形兽纹，圈足饰重环纹，其余都为横向瓦棱纹。盖、器均有铭文，器铭 10 行 141 字。师嫠为作器者名。现藏于上海博物馆。（图 27）

图 27　师嫠簋（西周中期）

叡 zhā。【叡钟】西周中期青铜乐器。甬后配。钟体各部分用小乳钉界隔。纹饰纤细，隧部有交叠式雷纹，篆间作云纹。钲间和鼓部铸铭文 35 字。传世共 4 件，一件在北京故宫，两件在日本东京泉屋博古馆，一件下落不明。（图 28）

图 28　叡钟（西周中期）

叡 ruì。【吴叡】（1298—1355），元代书法家。字孟思，号雪涛散人、青云生、养素处士。先世为濮阳人，移居杭州，晚年客居江苏昆山。工书法，尤精篆、隶。作品有《篆书千字文》、《隶书离骚》、《九歌图卷跋》等。

燮 xiè。【郑燮】(1693—1765)，清代书画家、文学家。字克柔，号板桥，为"扬州八怪"之一。兴化（今江苏兴化）人。其书法自称为"六分半书"，以兰草画法入笔，作品有《板桥全集》、《芝兰图》、《竹石图》、《兰竹图》、《草书唐人绝句》等。

夑 yú。【楚王孙夑戈】春秋时期楚国青铜兵器。戈形细长，锋微残，内有一穿，胡上三穿。错金鸟篆铭文6字。湖北省江陵县出土，现收藏于中国国家博物馆。

圭 guī。古代玉器名。古代贵族朝聘、祭祀、丧葬时以为礼器。玉器六瑞（参见60页"璧"。）之一。长条形，上端做三角形，下端正方。（图29）圭萌芽于新石器时代，真正标准的尖首形圭始见于商代而盛行于春秋战国。《周礼》记载圭有多种形制，据形制有尺寸、名称、用途的区别，且象征的意义有别。

图29　圭

圻 qí。【樊圻】(1616—?)，清代著名画家，"金陵八家"之一。字会公，更字洽公。江宁（今江苏南京）人。作品有《柳溪渔乐图》、《江浦风帆图》、《牡丹图》等。

坩 gān。盛物的陶器。《集韵·谈韵》："坩，土器也。"【坩埚（guō）】或称为埚子。熔化金属或其他物质的器皿，一般用黏（nián）土、石墨等耐火材料制成。

坫 diàn。【钱坫】(1741—1806)，清代书法家。字献之，号篆秋、十兰。江苏嘉定（今上海嘉定）人。作品有《篆书节录洛神赋》、篆书五言联等。

坰 jiōng。【钱伯坰】(1738—1812)，清代书法家。字鲁斯，号渔陂、仆射山樵。阳湖（今江苏常州）人。有书法作品传世。【唐坰】（生卒年不详），北宋书法家。字林夫。钱塘（今浙江杭州）人。作品有《唐坰致彦远尊兄尺牍》、《征局冗坐帖》等。

坬 guà。【树坬遗址】新石器时代遗址。位于陕西省延安市吴起县。遗址区内断面上可见文化层堆积，地表可见新石器时代仰韶文化的彩陶钵、彩陶盆、尖底瓶残片。2011年公布为陕西省文物保护单位。

埏 yán。【高承埏】（1603—1648），明末藏书家、学者。字寓公、八遐、泽外。秀水（今浙江嘉兴）人。有书法作品传世。

垍 jì。【林垍】（生卒年不详），明代画家。字惟坚。侯官（今福建福州）人。作品有《梅庄书屋图》等。

垞 chá。【竹垞】朱彝尊的号。参见24页"彝"条"朱彝尊"。

埘（塒） shí。凿垣为鸡窝曰埘，亦指在墙上凿的鸡窝。甘肃武威磨嘴子东汉墓曾出土木制明器鸡埘，其前有木架，栖两木鸡。（图30）

图30　埘（东汉）

埍（壎） xūn。吹奏乐器。以陶制最为普遍，亦有石制和骨制的。大小如鹅蛋，有孔，顶端为吹口。埍起源于新石器时代。　（图31）《诗经·小雅·何人斯》："伯氏吹埍，仲氏吹篪（chí）。"

图31　埍

垸 yuàn。【马家垸遗址】新石器时代遗址。位于湖北省沙洋县。距今4500年左右。该遗址是我国中南地区规模最大、年代最久、保存较完整的古城遗址之一。城址呈长方形，城垣土筑，内筑护坡；城垣外有护城河；东、南、西、北各辟一城门，其中西城垣及东城垣还设有水门。遗址区内采集大量的陶器和石器。2006年公布为全国重点文物保护单位。

堇 jǐn。【堇鼎】西周早期青铜食器。口稍内敛，口沿外折，方唇，直耳，鼓腹，三蹄足。两耳外侧各饰一组相对的夔龙纹，口沿下饰一周以扉棱为鼻的六组兽面纹，三足跟部各饰一组兽面纹，其下有三道凸弦纹。内壁有铭文4行26字，记载了堇奉匽侯之命去宗周向召公奉献食物，并受到召公赏赐之事。1974

年出土于北京房山琉璃河 253号墓,现收藏于首都博物馆。(图32)【杜菫】同"杜菫"。详见 23 页"菫"条"杜菫"。

图 32 菫鼎(西周早期)

垉 niàn。【垉堆玉皇庙】元代建筑。位于山西省垣曲县。坐北朝南,二进院落。中轴线上建筑仅存戏台、正殿,均为元代遗构。正殿面阔三间,进深四椽,单檐悬山顶,前檐柱头施大额枋(fāng),檐下斗拱五铺作双昂。戏台条石台基,面阔三间,进深四椽,单檐悬山顶。2006 年公布为全国重点文物保护单位。

埭 dài。【陈埭丁氏宗祠】明代建筑。位于福建省晋江市。始建于明代初年,历经修葺(qì)、重建、扩筑,是福建省内历史最悠久、规模最宏大、保存最完整的回族祠堂。建筑群体坐北朝南,以廊院式组织,采用闽南传统民居的建筑技术,以砖、石、木构造,中轴线自南至北为泮(pàn)池、门埕(chéng)、前厅、前庭院、中堂(主殿)、后庭院、后殿。宗祠里竖有匾额 18 块,石质和木质楹联近 30 对。2006 年公布为全国重点文物保护单位。

墼 hèng。【西墼遗址】战国时期遗址。位于山东省沾化县冯家镇。遗址呈慢坡状台形地。文化层大部分厚 2 米左右。遗址内采集有灰陶豆、陶罐、夹蚌红陶器、筒瓦残片、青铜戈等标本。1992 年公布为山东省文物保护单位。

塏 kǎi。"垲"的繁体字。【童塏】(生卒年不详),清代画家。字西爽,华亭(今上海松江)人。作品有《松鹤图》、《花鸟图》等。

增 liù。古代盛饭的陶器。《集韵·宥(yòu)韵》:"增,瓦器。尧舜饭土增。"

陒 kuī。盾牌上手握的地方,类似柄。《说文·盾部》:"陒,盾握也。"

墫 cūn。【陈墫】(生卒年不详),清代画家。字仲尊,一字古衡,号苇汀,别署白堤花隐，长洲（今江苏苏州）人。作品有《秋山暮霭（ǎi）图》等。

苤 fú。【苤苢（yǐ）】草名，即车前。《诗经·周南·苤苢》："采采苤苢，薄言采之。"郑玄笺："苤苢，马舄（xì）。马舄，车前也。"【苤苢诗册】明代陆深书法作品。陆深（1477—1544），明代书法家。字子渊，号俨（yǎn）山。华亭（今上海松江）人。作品有《瑞麦赋》等。

芮 ruì。古国名，故地在今陕西省韩城市。【芮叔簋】西周后期青铜食器。弇（yǎn）口，鼓腹，圈足，下为三兽形足。腹部有一对兽首形耳，下垂珥。器内底有铭文22字，记芮叔作簋之事。1978年出土于陕西武功，同出相同器一组三件，现藏于陕西武功县文化馆。

苢 yǐ。苤苢，草名。详见本页"苤"条"苤苢"。

苓 líng。【饭苓赋】明代祝允明书法作品。纸本，楷书。现藏于北京故宫博物院。祝允明（1460—1526），明代书法家。字希哲，号枝山、枝指生，又署枝山老樵、枝指山人等。长洲（今江苏苏州）人。世称"祝京兆"，与唐寅、文徵明、徐祯（zhēn）卿并称为"吴中四才子"。作品有《六体诗赋卷》、《草书杜甫诗卷》等。苓，草名。

苾 bié。【契苾明碑】唐代碑刻。全称《大周故镇军大将军行左鹰扬卫大将军兼贺兰州都督上柱国凉国公契苾府君之碑铭并序》。唐先天元年（1712）十二月立。娄师德撰，殷玄祚（zuò）作。螭首方趺，素面圭额。碑额篆书，背身阴刻楷书碑文36行，行77字。该碑现存陕西省咸阳博物馆。契苾明，人名。

茕 qióng。骰（tóu）子。茕不仅用于六博，还用于行酒令。《颜氏家训·杂艺》："古为大博则六箸，小博则二茕，今无晓者。比世所行，一茕十二棋，数术浅短，不足可玩。"又称博茕。

莆 fú。【莆祖辛爵】西周早期青铜酒器。同出者两件，形制、花纹、铭文、大小基本相同。器窄流，突底，锥足，菌状柱。鋬呈半环形，上饰兽头。器身中部设扉棱一道。腹部饰外卷角兽面纹。流、尾及曲口下饰叶形兽面纹。柱侧铸铭文"莆祖辛"

三字，当是莆氏为祖辛所作祭器。该器 1951 年出土于陕西长安普渡村西周墓。现藏陕西历史博物馆。（图 33）

图 33   莆祖辛爵（西周早期）

莜 tiáo。【莜溪】水名。有二源：出浙江天目山之南者为东莜，出天目山之北者为西莜。两溪合流，由小梅、大浅两湖口注入太湖。夹岸多莜，秋后花飘水上如飞雪，故名。【莜溪诗卷】北宋米芾行书法帖。作于宋哲宗元祐三年戊辰（1088）。纸本，横轴，全卷 35 行，共 394 字。现收藏于北京故宫博物院。米芾（fú）（1051—1107），北宋书法家，画家，书画理论家。初名黻（fú），后改芾，字元章，号鹿门居士、襄阳漫士等，世称"米南宫"、"米襄阳"、"米颠"。祖籍太原。作品有《向太后挽辞》、《蜀素帖》、《拜中岳命帖》、《虹县诗卷》、《草书九帖》、《多景楼诗帖》等。

莒 jǔ。西周诸侯国名。公元前 431 年为楚所灭。故地在今山东省莒县。《左传·隐公二年》："五月，莒人入向。"后为鲁国吞并，又并入齐。【莒太史申鼎】又称莒鼎。春秋时期青铜食器。敞口，平折沿，双耳已失，深腹圜底，三蹄足，一足缺。腹部饰蟠螭纹带，足上部饰兽面纹，起扉棱。腹内壁铸有铭文 32 字。作器者为莒国太史，私名为申。该器清朝末年出土于山东莒县（今山东省莒南县），现收藏于南京大学考古与艺术博物馆。【莒国故城】东周至汉代城址。位于山东省莒县。为春秋至战国初期莒国都城。1977 年公布为山东省文物保护单位。

茨 cí。【茨中教堂】清代天主教堂。位于云南省迪庆藏族自治州德钦县茨中村。清同治六年（1876）修建。教堂建成后，即成为云南驿区主教礼堂，至今保存完好。2006 年公布为国家重点文物保护单位。

荦 luò。【宋荦】（1634—1713），清代书画家、诗人。字牧仲，号漫堂、西陂、绵津山人，晚号西陂老人、西陂放鸭翁。河南商丘人。善画水墨兰竹，亦擅长山水画。作品有《西陂类稿》、《漫堂说诗》、《江左十五子诗选》等。

莂 bié。契约。《释名·释书契》："莂，别也。大书中央，中破别之也。"【杨绍买冢地莂】陶质买地契。刻于晋太康五年（284）九月廿九日。形似破竹，券文6行，每行11到13字不等。明万历元年（1573）在会稽倪光简冢地出土。

苃 lì。【大晋龙兴皇帝三临辟雍皇太子又再苃之盛德隆熙之颂】晋代碑刻。又名《龙兴皇帝三临辟雍碑》。咸宁四年（278）立于晋都洛阳城南太学辟雍（古代的贵族学宫）。碑首碑身由整块石料雕成，承以覆斗形碑座。螭首，碑额隶书碑名4行，23字。碑文30行，每行55字，共1500余字。1931年出土于河南省偃师县西南东大郊村北汉晋辟雍遗址。

堇 jǐn。古"堇"字。【杜堇】（生卒年不详），明代画家。初姓陆，字懼（jué）南，一字惧男，号柽（chēng）居、古狂、青霞亭长，丹徒（今江苏省镇江）人。有书法作品传世。

荽 tǎn。【韩荽】（1637—1704），清代书法家。字元少，别号慕庐。长洲（今江苏苏州）人。有书法作品传世。

菰 gū。【下菰城遗址】春秋时期遗址。位于浙江省湖州市。该城兴建于春秋时期，是楚国春申君黄歇的封地。下菰城城垣可分内外两重，平面均呈圆角等边三角形。2001年公布为全国重点文物保护单位。

葑 fēng。【葑溪会琴图】清代吴历画作，现藏于上海博物馆。吴历（1632—1718）清初书画家。原名启历，字渔山，号墨井道人、桃溪居士。江苏常熟人。少时学诗于钱谦益，学画于王鉴、王时敏。作品有《墨井诗钞》、《三巴集》、《桃溪集》、《墨井画跋》等。

蒉 bèi。【蒉阳宫】宫殿名。秦汉时离宫之一，始建于战国时期的秦国。蒉阳宫遗址，位于今陕西省户县城北，渭河以南，涝峪河侧的美陂。【薋阳宫鼎】战国晚期秦国青铜食器。敛口，子口，附耳外侈，扁圆腹，腹上有凸弦纹一周，圜底，三蹄足。鼎盖已失。鼎子口下方有铭文 6 段，48 字。几段铭文镌刻年代不同，既有秦铭又有西汉铭文。

蓣 yù。【瓜蓣图】清代牛石慧画作。纸本，水墨。现藏北京故宫博物院。牛石慧（生卒年不详），清代书画家。本名朱道明，字秋月，号行庵，道号望云子。江西南昌（江西省南昌）人。明宗室宁王朱权后裔，朱耷（参见 135 页"耷"条"朱耷"）从弟。作品有《荷鸭图》轴、《松鹰图》轴等。

蕺 jí。【蕺隐】王迪简的号。王迪简（生卒年不详），元代画家。字庭吉，号蕺隐。浙江新昌人。作品有《凌波图》、《水仙图》等。

薳 wěi。【王薳】（1884—1944）现代书法家。原名世仁，字君演，后改名薳，字秋湄，号秋斋，别署苔香。擅章草。作品有《心经》等。

薅 hāo。除去田地中的杂草。《诗经·周颂·良耜》："其镈（bó）斯赵，以薅荼蓼（tú liǎo）。"汉代画像砖上多见薅秧图。

藜 lí。【黑釉火蒺（jí）藜】元代爆炸火器。外壳为瓷胎，中间有一小洞，内装火药，并有白色捻子，点燃引爆后有较强杀伤力。爆炸后散落到路面上的乳凸状碎块，还可阻挡敌人骑兵的通过。1999年出土于甘肃天水西和县，现藏于甘肃省博物馆。

弁 biàn。古代贵族的一种帽子，与礼服配套使用（吉礼之服用冕）。外形犹如两手相扣合，或者像一只翻转过来的耳杯。下丰上锐、略近椭圆形，领下有结缨，有些像搭耳帽。赤黑色的布做的叫爵弁，是文冠，形状似冕；白鹿皮做的叫皮弁，是武冠。后泛指帽子。

弇 yǎn。向里收拢。【弇口】小口。姚鼐《观披雪瀑记》："〔石潭〕大腹弇口若罂，瀑坠罂中，奋而再起，飞沫散雾，蛇折雷奔，乃入平地。"青铜器中有弇口簋等。

彝 yí。1. 古代宗庙礼器之总名。2. 方彝，古代青铜酒器，盛行于商代中期至西周早期。器腹侧面与横截面皆为长方形，四隅与腰间有扉棱，上有盖，作四阿式盝(lù)顶形，下有方圈足。(图34)【朱彝尊】(1629—1709)，清代诗人、词人、学者。字锡鬯(chàng)，号竹垞(chá)，一号小长芦钓鱼师、金风亭长。秀水(今浙江嘉兴)人。作品有《曝书亭集》等。

图34 方彝

矢 zè。古国名。故地在今陕西省汧(qiān)河流域。【宜侯矢簋】西周早期青铜食器。侈口，束颈，四兽首耳，浅腹，圈足较高，饰有四条短扉棱，下缘附边条。腹部间饰涡纹、夔龙纹，圈足饰鸟纹。器内底铸铭文12行120字。矢为作器者名，铭记周康王册封矢为宜侯的史实。1954年出土于江苏丹徒(江苏省镇江)烟墩山，现收藏于中国国家博物馆。

奁(奩、匲、籢) lián。古代妇女梳妆用的镜匣和盛化妆品的器皿。(图35)简单的妆奁只是一枚圆盒，豪华的有双层的，其中装满小奁。除圆形外，妆奁亦作方形或长方形。方形的又称为匣。小奁的形状随所盛之物而不同。长方形者多盛簪，马蹄形者盛梳、篦，圆形的多盛脂粉之类，多为漆器。《后汉书·皇后纪》："会毕，帝从席前伏御床，视太后镜中物奁，感动悲涕，令易脂泽装具。"【奁式敦】战国晚期青铜器。圆桶状，腹与底部各有三环钮。通体素面。1987年出土于山东临淄齐陵镇，现藏于山东省临淄齐国故城博物馆。

图35 奁

匏 páo。1.葫芦的一种，即瓠(hù)。《诗·邶风·匏有苦叶》："匏有苦叶，济有深涉。"毛传："匏谓之瓟。"参见 127 页"瓟"条。又专指匏制或匏形的酒器。(图 36)山西省考古研究所藏蟠蛇纹匏壶一件，1988 年出土于山西太原金胜村。盖呈伏鸟形，器侧颈鼓腹，器呈匏形，平底圈足。肩部一侧有虎形提梁，虎口衔环，环上有链，与盖上鸟尾部相连。壶颈饰一周绚（táo）索纹，腹部饰四周蟠龙纹。2. 笙、竽一类的乐器，为八音之一。古以匏为座，上设簧管，故又用为此类乐器的代称。《国语·周语下》："匏以宣之，瓦以赞之。"韦昭注："匏，笙也。"

图 36　匏壶

抃 biàn。【赵抃】（1008—1084），北宋书画家。字阅道。宋衢州西安（今浙江衢州）人。作品有《赵青献集》、《临故帖》、《致知府阁下尺牍》、《致知郡公明大夫

尺牍》、《山药帖》等。

捣（擣）dǎo。【捣衣】古时衣服常由纨（wán）素一类织物制作，质地较为硬挺，须先置石上以杵反复舂捣，使之柔软，称为"捣衣"。后亦泛指捶洗。【捣衣图】南宋牟益画作。作于嘉熙四年（1240），纸本，水墨。现藏台北故宫博物院。牟益（1178—?），宋代书画家。字德新，一作德彩。原籍不详，客居四川。工画人物、山水，尤善仕女，书法亦佳。

揆 kuí。【程正揆】（1604—1676），明末清初画家、书法家。字端伯，号鞠陵，又号清溪道人。孝昌（今湖北省孝感）人。作品有《江山卧游图》、《山水图》等。【超揆】（生卒年不详），清代书画家。僧人，俗姓文，名果，字轮庵。长州（今江苏省苏州）人。作品有《杜牧之诗意图》、《携琴访友图》等。

摽 biāo。刀鞘、剑鞘末端的铜饰物。【剑摽】剑鞘的部位名称。鞘末的包尾，一般呈梯形，底边平直。

攫 huò。装有机关的捕兽木笼。《周礼·秋官·雍氏》："凡害于国稼者，春令

为阱攃、沟渎（dú）之利于民者；秋令塞阱杜攃。"甘肃省金塔县居延金关遗址曾出土一种圆形捕兽器，周围缚有尖木，能顺之以入而不能逆之以出，当为攃之实物。

摛 zhì。用于搔头结发的工具，外形有些像窄而长的梳子，有齿，一般用竹制作。《续汉书·舆服志》："诸簪（zān）珥皆同制，其摛有等级焉。

攒（攢、欑） zǎn。【攒盒】亦作"攒合"。一种分成多格用以盛糕点、果肴等食物的盘盒。

尕 gǎ。【艾提尕尔清真寺】明代古建筑群。位于新疆维吾尔自治区喀什市。坐西朝东，是一座具有浓郁民族风格和宗教色彩的伊斯兰教古建筑群，也是新疆规模最大的清真寺。2001年公布为全国重点文物保护单位。【尕让古城】汉代古城遗址。位于青海省贵德县。古城平面呈长方形。城垣倒塌严重，但轮廓清楚。经考古调查，确认此城为汉代归义城。1988年公布为青海省文物保护单位。

啣 xián。同"衔"。【金银平脱鸾鸟啣绶（shòu）镜】唐代青铜镜。圆钮，其外为银饰莲叶纹，莲叶外饰一周金丝同心结，钮外围饰四只展翅飞翔、口衔绶带的金花鸾鸟，鸾鸟间各饰一银饰菊花，近边缘处饰一周金丝同心结纹。现藏陕西历史博物馆。

噶 gá。【噶丹寺】明清时期宗教建筑群。位于西藏自治区拉萨市达孜县。该寺是藏传佛教格鲁派（黄教）创始人宗喀巴于明永乐七年（1409）在西藏建立的藏传佛教格鲁派的首寺。位居格鲁派著名的六大寺院之首，是藏传佛教格鲁派的祖庭。雍正皇帝曾给寺院赐名为"永泰寺"。寺内藏有大量的珍贵文物。1961年公布为全国重点文物保护单位。

囷 qūn。以土作壁的圆形谷仓。《周礼·考工记·匠人》："囷窌（jiào）仓城，逆

图37　陶囷（汉代）

墙六分。"战国时期出现随葬的陶圂明器，秦、汉时期的墓葬中更为多见。（图37）

圂 hùn。即猪厕。古称圂厕、豕（shǐ）牢、溷（hùn）轩，又称带厕猪圈、连茅圈、茅圈，是指在同一地同时作养猪和厕所之用。自西汉到西晋的墓葬中多出土陶圂的明器。

圄 yǔ。古地名。属陈留，故城在今开封杞（qǐ）县一带。【圄方鼎】西周早期青铜食器。敛口，附耳，垂腹，呈圆角长方形，四柱足。浅盘状圆角长方形盖，盖顶上置两个"凹"字形把手；盖倒置便为一小俎（zǔ），口稍内敛，口沿内折为子口。盖缘及口沿对应饰有单首双身的龙纹。盖、器各铸相同铭文3行14字。圄为作器者名。1974年

图38　圄方鼎（西周早期）

出土于北京房山琉璃河，现收藏于首都博物馆。（图38）

屺 qǐ。【沈屺懋（mào）】（生卒年不详），清代画家。一名沈屺瞻，字树奇。吴江（今江苏省吴江）人。作品有《竹石图》等。

岘（岘）xiàn。【杨岘】（1819—1896），清代书法家、金石学家、诗人。字庸斋、见山，号季仇，晚号藐翁。归安（今浙江省湖州）人，作品有《庸斋文集》、《迟鸿轩诗钞》等。

邑 bā。【邑团桥】清代建筑。亦称邑团风雨桥。位于广西壮族自治区三江侗族自治县。该桥为二台一墩，两孔三亭结构，桥面人畜分行。其造型庄重典雅，结构独特，具有浓厚的民族特色和强烈的艺术感染力，是侗族建筑艺术的珍品。2001年公布为全国重点文物保护单位。

岘 lóng。【岘圩（yú）图山城址】唐代城址。位于云南省巍山彝族回族自治县。因该城位于岘圩图山之巅，故名。其始建和废弃时间唐宋史书无载。据考古发掘，先后在城址区发现寺庙、宫室及塔基等建筑遗址，其地面均用砖铺

垫，规模宏大；并发掘出土有字瓦、瓦当、滴水、鸱（chī）吻、花砖和柱础等遗物。经考证，该城址为南诏政权最早的城址之一。2006 年公布为全国重点文物保护单位。

嵃 wú。【嵃台铭】唐代石刻。位于湖南省永州市祁阳县浯溪公园内。唐大历二年（767）立碑。碑铭为篆书 15 行，行 16 字。铭文为唐代文学家元结所撰。据《金石萃编》载，此篆书碑刻未署书者姓名；然据《金石存》引北宋黄庭坚语云："以字法观之，亦瞿令问篆也。"该处另有清代书法家吴大澂作《嵃台铭》。吴大澂，参见 97 页"窬"条"窬斋"。

嵫 chá。【嵫岈（yá）山卫星人民公社旧址】人民公社旧址。位于河南省遂平县。嵫岈山卫星人民公社是新中国第一个人民公社，成立于 1958 年。2006 年公布为全国重点文物保护单位。嵫岈，山名，一名嵳（cuó）峨山。

嵒 yán。【华嵒】（1682—?），清代扬州画派著名画家。字秋岳，一字空尘，号新罗山人，又号白沙道人、离垢居士、东园生、布衣生。福建上杭人，侨寓扬州。作品有《列子御风图》、《松韵泉声图》、《西园雅集图》等。

嵳 cuó。【阿嵳耶观音】佛教造像名。阿嵳耶为唐宋时期云南地方政权南诏、大理国佛教造像最典型的偶像之一，是南诏、大理国密宗佛教独有的神，是"滇密"阿吒（zhā）力教特有的观音神。佛教中原有的观音本是男人，传入中原逐渐女性化，而唯独阿嵳耶观音性别特征不明显，延续了男身观音向女身观音过渡的特点，具有极高的历史文化价值。云南省博物馆收藏有金身阿嵳耶观音圣像一尊，1978 年出土于大理崇圣寺，是南诏、大理国阿嵳耶观音造像的代表作。（图 39）

图 39　阿嵳耶观音（宋代）

厥 jué。古代祭神时陈列牺牲的器具。有四足，足间有横距。《集韵·月韵》："厥，俎名，足有横。"

巀 xiè。【巀谷清风图】明代夏昶（chǎng）画作。纸本，立轴，水墨。图中绘湖石一柱，风竹数竿，画端自题"巀谷清风"。"巀谷"为神话中出产佳竹之处，相传在昆仑山北面。夏昶，明代画家，详见 81 页"昶"条"夏昶"。

巁 yǎn。【梁巁】（1710—1788），清代书法家。字闻山（一作文山），号松斋，又号断砚斋主人。安徽亳州（今亳县）人。工书法，初学李邕（yōng），与孔继涑（sù）称"南梁北孔"，与梁同书、梁国治有"三梁"之称。作品有《评书帖》、《论画笔记》、《行书临申福寺碑册》等。

巏 náo。【康里巏巏】（1295—1345），元代书法家。蒙古族人。字子山，号正斋、恕叟，又号蓬累叟。色目康里部（今属新疆）人。史传又作康里巏。善真、行、草书。作品有《谪龙说卷》、《李白诗卷》、《述笔法意》、《秋夜感怀诗卷》等。

岥 fú。1. 五色帛制成的舞具。《周礼·地官·鼓人》："凡祭祀百物之神，鼓兵舞岥舞者。" 2. 通"韨（fú）"，蔽膝。《穆天子传》："天子大服冕褘（huī）、岥带。"

岥 pèi。【霞岥】古代妇女礼服的一部分，类似现代披肩。宋以后用为命妇的礼服，其式样、纹饰随品级高低有所区别，是女性社会身份的一种标志。据考证，其来源于南北朝时期的岥子，隋唐时期得此名，到宋代将它列入礼服行列之中，明代时发展成了霞岥——由于其形美如彩霞，故得名"霞岥"。

帢 qià。便帽。状如弁（biàn）而缺四角，用缣（jiān）帛缝制。《广韵·洽韵》："帢，士服，状如弁，缺四角，魏武帝制。"【巾帢】指能将头部完全包起来的帽子。

帟 yì。帟巾，张盖在床顶上方用以遮蔽尘埃的平幕，又名"承尘"。古代皆以缯（zēng）为之。《周礼·天官·幕人》："掌帷、幕、幄、帟、绶（shòu）之事。"也用来泛指帐幕。《逸周书·王会解》："成周之会，墠（shàn）

上张赤帝，阴羽。"

帩 qiào。【帩头】古代男子包头发的纱巾，即帕头。《乐府诗集·陌上桑》："少年见罗敷，脱帽著帩头。"

帻（幘） zé。古代包扎发髻的巾。应劭《汉官仪》："帻者，古之卑贱执事不冠者之所服也。"根据其形状可分为介帻、平上帻等不同形式。

帼 guó。妇女覆于发上的头巾。《晋书·宣帝纪》："亮数挑战，帝不出，因遗帝巾帼妇人之饰。"

幄 wò。篷帐，帷（wéi）帐。《周礼·天官·幕人》："掌帷、幕、幄（wò）、帟（yì）、绶（shòu）之事。"

帞 mì。覆盖用的巾幔（màn）。《吕氏春秋·知化篇》："夫差将死，曰：'死者如有知也，吾何面以见子胥于地下？'乃为帞以冒面死。"
【帞目】死者覆面用的巾帕。1982年考古工作者在湖北江陵马山一号战国楚墓中曾发现帞目一件，为梯形绢巾。上部有窄缝一条，露出双眼。下部为三角形缺口，露出嘴部。绢巾表层为深棕色，里用深黄色。夹层不絮丝绵，不用组带

作系，与《仪礼·士丧礼》郑玄注所云略有不同。

幢 chuáng。【经幢】古代佛教建筑。最初的形状只是一根八角或六角形的石柱，上刻经文，称幢身，下托基座，上盖幢顶，造形简朴。中唐以后，造幢之风日盛，并由北方影响到南方，雕刻、造形日趋华丽，规制亦颇谨严。【松江唐经幢】唐代经幢。位于上海市松江区松江城中山小学内。建于唐大中十三年（859），用大青石雕刻垒砌而成。现存21级，幢身8面，刻有《尊胜陀罗尼经》全文，并有题记。其余各级，如托座、束腰、华盖等部分，雕刻精致，纹饰精美。1988年公布为全国重点文物保护单位。另还有浙江省海宁市安国寺经幢、金华市法隆寺经幢等均为全国重点文物保护单位。

衎 kàn。【李衎】（1245—1320），元代画家。字仲宾，号息斋道人。蓟丘（今北京）人。善画枯木竹石。作品有《竹谱详录》、《四清图》、《双钩竹图》、《沐雨图》、《墨竹图》等。

彤 róng。【仲彤盨】西周后期青铜食器。长方体，

圆角，附耳，圈足四面正中有缺口。盖沿、口沿及圈足均饰重环纹，盖和腹饰横瓦棱纹。盖上有云纹四道扉棱。盖器同铭，各铸12字，其中"仲彤"为作器者名。1973年陕西扶风出土，现藏陕西扶风县博物馆。（图40）

图40　仲彤盨（西周后期）

彰 làn。【金彰】现代画家。字心兰，号冷香，又号瞎牛，一号瞎牛庵主，自署冷香馆主人，长洲（今江苏苏州）人。工山水，并擅花卉，画梅尤具特长。

犴 àn。兽名。详见本页"狴"条"狴犴"。

狴 bì。【狴犴】传说中的动物。龙生九子之一。形似虎。传说其有威力，好诉讼，故常被装饰于古代牢门上。

猈 líng。【竹荫西猈图】清代郎世宁画作。立轴，绢本，工笔设色。图中绘良犬（西猈）一只，立翠竹荫下，昂首垂尾，双目警视前方。该画现藏沈阳故宫博物院。郎世宁（1688—1766），天主教耶稣会传教士、画家、建筑家，意大利米兰人。康熙五十四年（1715）来华传教，因擅画受召为内廷供奉，历任康熙、雍正、乾隆三朝宫廷画师。

狻 suān。【狻猊】传说中的动物。又称"狻麑（ní）"。龙生九子之一。形似狮。传说其喜烟好坐，故香炉的足常做成狻猊的形象。【狻猊葡萄镜】唐代铜镜。兽钮，内区饰狻猊葡萄纹。外区饰凤鸟和异兽。边缘饰葡萄纹，纹饰均为高浮雕手法制作。该物1952年于陕西西安出土，现藏于陕西历史博物馆。（图41）

图41　狻猊葡萄镜（唐代）

猊 ní。兽名。详见本页"狻"条"狻猊"。

猞 shē。【佛真猞猁（lì）迤逻尼塔】辽代建筑。位于河北省张家口市宣化县。该塔兴建于辽代天庆七年（1117）。塔基为六角形石台墩，塔体通高 20 米，塔身为 13 层六棱角实体青砖仿木结构，塔下部内镶方砖一块，镌刻阴文"佛真猞猁迤逻塔"、"维天庆七年岁次"字样。墩台呈八角形。2001 年公布为河北省文物保护单位。"佛真"为佛祖真身之意。"猞猁"同舍利，又称舍利子，即尸体火化后的结晶体。"迤逻尼"又作"陀罗尼"，乃佛教术语，为梵文"真言"、"咒语"之意。塔名"佛真猞猁迤逻尼"，意谓此塔上存经书，下存高僧名尼舍利。

猇 yóu。【于大猷碑】唐代碑刻。全称《唐明堂令于大猷碑》。唐圣历三年（700）立。碑文为于知微撰，碑文记述了其父于立政一生的生平履历；书者未详。碑首已失。碑文为阴刻楷书，现可见千余字。现藏于陕西省三原县。【郑长猷造像记】北魏石刻。全称《云阳伯郑长猷为亡父等造像记》。位于河南省洛阳龙门石窟古阳洞南壁，为"龙门二十品"之一。北魏景明二年（501）九月刻。正书，8 行、行 12 字，现可见 84 字，记郑长猷为亡父母皇甫、亡儿士龙，以及其妾陈玉女为亡母徐，各造弥勒像。碑文书法上承汉隶、下启唐楷，有重要意义。

獏 mò。【亚獏尊】商代晚期青铜酒器。大侈口，长颈，圆腹，高圈足。腹部及圈足饰扉棱四条，颈部饰蕉叶纹，腹及圈足饰兽面纹。器内底铸铭文"亚獏父丁"，其中"亚獏"二字系合文，用以表示獏氏家族世代在商王朝内担任武官之职。此器当为獏氏为父丁所作祭器。据传出土于河南安阳。现藏美国弗利尔美术馆。（图 42）

图 42　亚獏尊（商代晚期）

獬 xiè。【獬豸（zhì）】传说中的异兽。又称"獬廌（zhì）"。独角，能辨曲直，见人相斗，则以角触理屈者。古人视为祥物。

夆 féng。【夆叔匜】春秋早期青铜水器。体长盘形，有短流，器口一侧有铺首，龙首錾衔器口，下承四蟠兽形矮足。平底。器壁内外均饰龙纹。器内底有铭文5行35字，其中"夆叔"为作器者名。该器出土于山东滕县，现藏上海博物馆。（图43）

图43　夆叔匜（春秋早期）

夒（夒） kuí。传说中的兽名，形似龙。《说文·夂部》："夒……如龙，一足……象有角、手、人面之形。"一说似牛。《山海经·大荒东经》："东海中有流波山，入海七千里。其上有兽，状如牛，苍身而无角，一足，出入水则必风雨，其光如日月，其声如雷，其名曰夒。"【夒纹】又称龙纹、蜗身兽纹。青铜器常见纹饰之一。主要形态为龙形，张口，体躯伸

直或弯曲，额顶有角，尾部卷曲。常饰于簋、卣、觚、彝和尊等器皿的足、口沿和腰部。盛行于商代中晚期至西周早期。（图44）

图44　夒纹

飤 sì。【邵之飤鼎】战国时期青铜食器。自名"飤鼎"。附双耳，耳上饰三角雷纹，下饰圈弦纹，腹部饰两圈凤纹，三象鼻形足。盖顶略凸，中为一龙形纽套环，环上饰斜线纹和三角雷纹。盖上有两圈三角雷纹，将鼎盖纹饰分为内、中、外三层。外层鼎立三牛形钮，中层饰凤纹，内层饰三角雷纹、索纹及弧线连钩纹。盖内铸铭文"邵之飤鼎"。

图45　邵之飤鼎（战国）

"卲"通"昭",或以为是楚昭王或楚国昭氏家族之器。1980年四川新都马家乡出土,现藏于四川博物院。(图45)

齨 zài。【师齨鼎】西周中期青铜食器。形体庞大,敛口折沿,垂腹,三足略呈蹄形。内底铸足处有三空穴。口沿下饰两道雷纹带,足上部饰短棱脊。外底附有一层烟炱(tái)。内壁有铭文19行197字,其中"师齨"为作器者名。1974年陕西扶风强家村出土,现藏陕西历史博物馆。(图46)

图46　师齨鼎(西周中期)

饕 tiè。饕餮,传说中的贪兽名。详见本页"饕"条"饕餮"、"饕餮纹"。

饕 tāo。【饕餮】传说中的贪兽名。龙生九子之一。《吕氏春秋·先识览》:"周鼎著饕餮,有首无身,食人未咽,害及其身,以言报更也。"
【饕餮纹】青铜器常见纹饰之一。盛行于二里冈文化期至西周早期。常饰于器物的腹、颈之上,作为器物的主题花纹。其图像或仅有首部,或在首部两旁还接有卷曲的躯干与尾部。(图47)

图47　饕餮纹

庠 xiáng。【陆润庠】(1814—1915),清末书法家。字凤石,号云洒、固叟。元和(今江苏苏州)人。能书法,擅行楷。有书法作品传世。

廙 yì。【王廙】(276—322),东晋书法家、画家、文学家、音乐家。字世将。琅玡(今山东临沂)人。善书,尤工草隶,善画人物、故事、鸟兽、鱼龙。作品有《楷书两表帖》、《草书二月十六日帖》、《嫂何如帖》、《异兽图》、《列女传仁智图》等。

廞 xīn。【王廞】(生卒年不详),东晋书法家。字伯舆。琅玡(今山东临沂)人。

作品有《静媛帖》等。

廪（廩） lǐn。粮仓。《广雅·释宫》："廪，仓也。"据文献记载，廪用以藏已舂之米，比仓小，构筑更加讲究。汉代墓葬中多可见明器的陶廪，多为方形双层或三层结构，有两三个不等的通风气窗，附有斜坡楼梯。亦有石质的。河南博物院藏三层结构的汉代灰陶廪一件，真实地表现了汉代的建筑水平和农业发展水平。

囡 hóng。【顾闳中】（生卒年不详），五代画家。江南人。曾任南唐画院待诏。作品有《韩熙载夜宴图》。

闣 xǐ。大杯。《方言》卷五："闣……杯也。……其大者谓之闣。"江苏扬州平山新莽墓曾出土圆形带耳漆闣一件，器口大开。（图48）

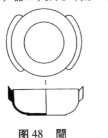

图48 闣

閰（閤） kǎi。【谭延閰】（1876—1930），现

代书法家。字组庵，号无畏、切斋，别署畏公。湖南茶陵人。善书法，多有作品行世。

閦 chù。【阿閦佛】又名不动佛、无动佛，是五方如来之中的东方佛。为大乘佛教信仰中东方妙喜世界的佛陀，密教以此佛为金刚界五佛之一。现多有阿閦佛画像、造像存世。（图49）

图49 阿閦佛

阙（闋） yù。【阙与戈】战国后期青铜兵器。长胡，阑有四穿，内有一穿。内上铸篆书铭文"阙与"二字，为地名，在今山西和顺县西北。该器1976年山西临县窑头古城出土。现藏山西博物院。

阙（闕） què。石阙，神庙、坟墓之前砌立的建筑。《金石萃编·汉祀三公山碑》："就衡山起堂立坛，双阙夹门，荐牲纳礼。"阙是中国古代建筑体系中极为重要的建筑形象，溯源于门。汉代石阙，是我国现存时代最早、保存最完整的古代地表建筑，是我国古代建筑的"活化石"。如河南登封的太室阙、少室阙为庙阙；四川省渠县的冯焕阙、沈府君阙为墓阙，均为全国重点文物保护单位。

沣 fēng。【钱沣】（1740—1795）清代书画家。字东注，一字约甫，号南园。云南昆明人。作品有行书七言联、《枯树赋》、《冒雨寻菊序》等。

沄 yún。【顾沄】（1835—1896），清代画家。字若波，号云壶、壶隐、壶翁、云壶外史、濬川、颂墨、病鹤，室名自在室、小游仙馆。吴县（今属江苏苏州）人。工山水。作品有《花鸟四屏》、《双栖图》、《山水》等。

沔 miǎn。【刘沔碑】唐代碑刻。全称《唐故光禄大夫守太子太傅致仕上柱国彭城郡开国公食邑二千户赠司徒刘公神道碑铭并序》。韦博撰，柳公权书。唐大中二年（848）立。碑体呈长方形，碑身上窄下宽，上薄下厚，四棱切削。龟趺作昂首状，神态逼真。碑额题"唐故太子太傅致仕赠司徒刘公神道碑"。额两侧有浮雕，首为下垂六螭。楷书，碑文共37行、行65字。现存于陕西省永寿县文化馆。

沨（渢）fēng。【赵沨】金代诗人、书法家。字文孺，自号黄山。东平（今辽宁辽阳）人。善书法，工行、草、小篆，与书法家党怀英并称"党赵"。作品有《黄山集》。

沇 yǎn。【沇儿钟】春秋晚期青铜乐器。钮缺失，舞部饰双头龙纹，鼓部饰交龙纹。钲及鼓部两侧铸铭文17行80字。器主"沇儿"为徐王庚之子。该器现藏上海博物馆。

沱 tuó。【曹公子沱戈】春秋晚期青铜兵器。援呈弧形，前锋三角形，胡较宽，有二穿，内呈圆角长方形，有一圆孔及扁长孔。胡部铸铭文2行7字。作器者为曹国公子，私名为沱。该器现藏于山东省博物馆。（图50）

图50　曹公子沱戈
（春秋晚期）

洹 huán。【洹子孟姜壶】春秋时期青铜酒器。长颈鼓腹，腹部最大径偏下，双兽耳衔环，圈足。双耳上饰扁角龙首，垂环饰重环纹；颈部有波带纹，腹饰两重波带纹，足饰夔纹。颈部内壁有铭文19行142字，记述田洹子之父死后，齐侯请命于周王，为死者举行多种典礼。田洹子（桓子）即田（陈）无宇，娶齐侯之女孟姜为妻。此器是齐侯为田洹子之父所作祭器，传世共两件，一件藏于中国国家博物馆，（图51）另一件藏于上海博物馆。

图51　洹子孟姜壶（春秋）

涑 sù。【孔继涑】（1726—1791），清代书法家。字信夫，又字体实，号谷园，又号东山、葭（jiā）谷。山东曲阜人。孔继涑广泛搜集古今名家的书法，刻意鉴别，先行临摹、构绘，而后精工刻成大小石碑584块，名"玉虹楼法帖刻石"。其拓片装成101册，故又称"百一帖"。

浜 bāng。【马家浜遗址】新石器时代遗址。位于浙江省嘉兴市。占地面积15000平方米，距今6000年左右，是马家浜文化的代表性遗址。马家浜文化上承余姚河姆渡文化，下启崧泽文化和良渚文化，是长江下游、太湖流域新石器时代早期文化的代表。其主要出土物有陶器及磨制石器等，是一种与黄河流域原始文化不同的文化形态。2001年公布为第五批全国重点文物保护单位。

渚 zhǔ。【良渚遗址】新石器时代晚期文化遗址群。位于浙江省余杭县和德清县境内。遗址群中发现有分布密集的村落、墓地、祭坛等各种遗存，出土物中以大量精美的玉礼器最具特色，其文明水平很高。良渚遗址是"良渚文化"的命名地，它的发现对研究长江下游地区的文明起源具有重要的学术价值。1996年被公布为全国重点文物保护单位。另有顾渚贡茶院遗址及摩崖、桃渚城等亦为全国重点文物保护单位。

淖 nào。【白灵淖尔城址】南北朝时代城址。位于内蒙古自治区固阳县。建于北魏始光年间（424—428），永熙三年（534）废弃。故城内文化层厚约2米，西半部为官署、寺院建筑址。2006年公布为全国重点文物保护单位。

淯 yù。【高淯墓志】北齐墓志铭。此墓志刻于北齐乾明元年（560）四月。1926年出土于河北磁县。高淯（536？—551），字修延，渤海蓨（今河北景县）人。北齐神武帝高欢之子。

湜 shí。【金湜】（生卒年不详），明代画家。字本清，号太瘦生、朽木居士。鄞（yín，今浙江宁波）人。传世作品有《双钩竹图》等。

溢 pén。水名。溢水，又名"溢浦"或"溢江"，即今龙开河。源出江西省瑞昌县西清溢山，东流经九江，名溢浦港，北流入长江。【白傅溢江图】清代吴历作品。纸本，设色。吴历，详见23页"蔚"条"蔚溪会琴图"。

滉 huàng。【韩滉】（723—787），唐代画家。字太冲，长安（今陕西西安）人。作品有《五牛图》、《文苑图》等。

滏 fǔ。水名，即今滏阳河，在河北省西南部。【滏阳河西八闸】明代水利建筑。位于河北省邯郸市永年县城的滏阳河北岸。因在永年城关以西，故俗称"西八闸"。砖石结构，长方形闸体。建成后，使滏阳河北岸数十里农田受益很大。1982年公布为河北省文物保护单位。

滂 pāng。【范滂传帖】黄庭坚书法作品。草书。内容为《后汉书·范滂传》，是黄庭坚书法精品之一。范滂（137—169），东汉名臣，《后汉书》为其立传。黄庭坚，参见7页"偈"条"七佛偈"。

溥 tuán。【溥光】（1264—1307），元代书法家。僧人，俗姓李，字玄晖，号雪菴。山西大同人。传世作品有草书《石头和尚草庵歌》等。

滹 hū。【滹沱村遗址】周代遗址。位于陕西省西安市户县秦镇滹沱村。1957年公布为陕西省文物保护单位。

漼 cuǐ。【裴漼】（？—736），唐代书法家。绛州闻喜（今山西闻喜）人。书迹有《少林寺碑》等。

潊 shù。【王潊】（1668—1743，一说1668—1739），清代书法家。字若霖、箬（ruò）林、若林，号虚舟，亦自署二泉寓居，别号竹云。江苏金坛人。作品有《淳化阁帖考正》、《古今法帖考》、《虚舟题跋》、《临古法帖》等。

漈 hēi。古国名，不见于文献记载，故址在今甘肃灵台白草坡。漈字从水，或因黑水而得名。【漈伯卣】西周早期青铜酒器。圆筒形，盖顶隆起，有圆形捉手。提梁两端作羊首形，梁面饰龙纹。盖缘和器身上下，均饰分尾龙纹，器身上部两面的龙纹中央又有小兽首。盖内和器底铸相同的铭文2行6字。器主"漈伯"为漈国国君。此器1967年出土于甘肃灵台白草坡1号墓，现藏于甘肃省博物馆。

潹 càn。【蒋潹】（1085—1159），宋代书法家。字宣卿。常州宜兴（今江苏宜兴）人。作品有《二诗帖》等。

潹 xiè。【杨潹】（1781—1840），晚清竹刻家。原名海，字竹唐，号龙石，晚号野航，又以聋石、石公等别署。江苏吴江人。竹刻善摹金石文字，刀法深圆，风格独特。

濬 jùn。【陶濬宣】（1846—1912），近代书法家。字心云。会稽（今浙江绍兴）人。作品有《稷庐文集》、《通艺堂诗录》等。

瀹 yuè。烹煮。鲍照《园葵赋》："曲瓢卷浆，乃羹乃瀹。"【瀹铭清话图】清代项文彦画作。项文彦（生卒年不详），清代画家。字幼平，号蔚如。山阳（今江苏淮安）人。善山水，工人物，尤善仕女。作品有《墨梅》、《群山图》、《霜林清思图》等。

愷（恺） kǎi。【顾恺之】（348—409）东晋画家、绘画理论家、诗人。字长康，小字虎头。晋陵无锡（今江苏无锡）人。作品有《女史箴图》等。《女史箴图》原作不存，有唐宋摹本。【沈恺】（生卒年不详）明代书法家。字舜臣，别号凤峰。华亭（今上海市松江）人。有书法作品传世。

悝 kuī。【孔悝城遗址】周代城址。又称戚城。位于河南省濮阳市。相传为卫灵公外孙孔悝之采邑，故名。该城址是豫北地区保留的年代最久、延续时间最长的古代聚落城址，遗址区自下而上依次叠压着裴李岗文化、仰韶文化、龙山文化以及商、西周、春秋、汉等文化。该城始建于西周后期，以后历代多有增建。其战略位置极为重要，是春秋战国时期诸侯争霸的必争之地。1996 年公布为全国重点文物保护单位。

惇 dūn。【章惇】（1035—1105），宋代书法家。字子厚。建州浦城（今福建浦城）人。作品有《会稽尊候帖》、《草堂寺题记》等。

愔 yīn。郗愔，晋代书法家。参见 13 页"郗"条"郗愔"。

慥 zào。【胡慥】（生卒年不详），清代书画家。字石公。江宁（今江苏南京）人，为金陵八家之一。作品有《葛仙移居图》、《迴岩走瀑图》等。

憘 xǐ。【曹望憘造像记】北魏石刻。全称《襄威将军柏仁令齐州魏郡魏县曹望憘造像》。北魏正光六年（525）刻。该造像原在山东，现藏法国巴黎博物馆。此造像记共有四层组成，上三层镌刻车马人物，上层一人头顶着盘，左右各一狮子；中层有车马、仪仗队；下层为牛马，镌刻极为精致。第四层刻题记，楷书 22 行、行 9 字。曹望憘，齐州魏郡魏县人，北魏时为襄城将军、柏仁令。

憺 dàn。【萧憺碑】南朝碑刻。亦称《始兴忠武王碑》。徐勉撰，贝义渊书，郡元上石，房贤明镌。额题阴刻楷书"梁故侍中司徒骠骑将军始兴忠武王之碑" 17 字。碑阴列迹人名。楷书 36 行、行 86 字，碑文今多漫漶，仅存三分之一。此碑书法对后世影响极大。现仅存拓本。

宔 zhǔ。古代宗庙中放置神主的石函。《说文·宀部》："宔，宗庙宔祏（shí）。"

宬 chéng。古代的藏书室。【皇史宬】我国明清两代的皇家档案馆，又称表章库。位于北京市东城区。始建于明嘉靖十三年（1534），建成于明嘉靖十五年。占地 8460 平方米，建筑面积 3400 平方米。是明清两代保存皇家史册的档案馆，也是我国现存最完整的皇家档案库。1982年公布为全国重点文物保护单位。

宸 chén。【王宸】（1720—1797），清代画家。字子凝，一字紫凝，一作子冰，号蓬心，一作蓬薪，又号蓬樵、晚署老蓬仙、蓬樵老、潇湘翁、柳东居士、莲柳居士，自称蒙叟、玉虎山樵、退官衲子。江苏太仓人。书法似颜真卿，多藏古碑刻。山水承家学，以元四家为宗，而深得黄公望法。作品有《绘林伐材》、《蓬心诗钞》等。

宧 yí。【赵宧光】（1559—1625），明代书法家、篆刻家。字凡夫，又字水臣，号广平，又号寒山长。吴县（今江苏苏州）人。善书法，精通文字学。作品有《说文长笺》、《寒山蔓草》等。

寏 qiú。【弔（mí）叔师寏簋】西周晚期青铜食器。又名弔叔簋。带盖，盖顶圈形捉手。器身弇（yǎn）口，鼓腹，兽首形垂珥双耳，圈足附三小足。盖缘、口下及圈足，均饰兽体卷曲纹，其他部分饰横条纹。盖内和器底铸铭文7行72字，其中"弔叔师寏"

为作器者名。该器1959年出土于陕西蓝田寺坡。现藏陕西蓝田县文物管理所。

寀 cǎi。【黄居寀】（933—?），五代画家。字伯鸾。成都（今四川成都）人。《宣和画谱》著录其作品有《春山图》、《春岸飞花图》、《桃花山鹧图》等，作品还有《竹石锦鸠图》册页、《山鹧（zhè）棘雀图》等。【刘寀】（生卒年不详），北宋画家。字宏道，一作弘道，又字道源。开封（今河南开封）人。作品有《戏藻群鱼图》、《群鲅戏菱图》、《泳萍戏鱼图》等。

寰 huán。即"寰"字。【师寰簋】西周晚期青铜食器。器形甚大，弇口，宽腹，圈足，下附三兽足；腹部两侧附龙首耳，下垂珥。有盖，盖上为喇叭状捉手。主纹饰为横向瓦棱纹，盖缘与器口饰兽目交连纹。盖器同铭，各铸11行117字，盖铭少4字。师寰为作器者名。现收藏于上海博物馆。

寯（寯） nìng。【寯贙（xuàn）碑】隋代碑刻。又名《隋正议大夫寯贙碑》。隋大业五年四月立。阴刻楷书，碑文30行、行39字。广东钦县出土。霰夔（573—608），隋朝正议大夫，字翔威，冀州临淄（今山东临淄）人。

馘 hú。【馘簋】西周晚期青铜食器。侈口宽体，鼓腹，圈足，下附方座。双龙首耳高耸，下垂龙垂珥。颈部和圈足饰兽体纹，腹和方座四壁饰纵向瓦楞纹，方座四角饰兽面纹。形体庞大，浑厚典雅，被誉为"簋王"。器内底部铸有铭文 12 行 124 字，其中"馘"为作器者周厉王之名。铭文为周厉王祭祀祖先的祝词。1978 年出土于陕西省扶风县法门公社齐村，现收藏于陕西扶风县博物馆。

霰 xiàn。【亚霰鼎】商代晚期青铜食器。侈口、方唇，口沿上双立耳，鼓腹分裆，三柱形足。腹部饰以云雷纹为地的兽面纹。器口下内壁有铭文"亚霰"。"霰"为作

器者家族族徽，"亚"字表示霰氏家族世代在商王朝内担任武官。该器 1990 年出土于河南安阳郭家庄西 160 号墓。现收藏于中国社会科学院考古研究所。（图 52）

寮 liáo。南宋书法家张即之的号。详见 70 页"樗"条"樗寮"。

寯 jùn。【方文寯】（生卒年不详），清代书法家。字啸琴。新安（今安徽歙县）人。工隶书、金石，尤精鉴别。

迥 jiǒng。【尉（yù）迟迥庙碑】唐代碑刻。又称《周太师蜀国公尉迟公祠庙碑》。闾伯屿序文，颜真卿撰铭，蔡有邻书。唐开元二十六年（738）刻石。隶书阴刻，碑文 23 行、行 47 字。尉迟迥（516—580），代（今山西大同东北）人。字薄居罗，鲜卑族，宇文泰甥。其为人能征善战，好施爱士，位望崇重。

逋 bū。【林逋】（967—1028），宋代画家、诗人。字君复，宋仁宗赐谥（shì）"和靖先生"。钱塘（今浙江杭州）人。作品有《林逋行书自书诗》等。

逨 lái。【逨盘】西周晚期青铜水器。方唇，折沿，

图 52　亚霰鼎（商代晚期）

浅腹，双附耳，双铺首，圈足下附四兽足。腹及圈足饰窃曲纹，铺首为兽首衔环。盘内底铸铭文21行约360字。逨为作器者名，属单氏家族。铭文记载了单氏家族8代人辅佐西周12位王（文王至宣王）征战、理政、管治林泽的历史。2003年1月19日出土于陕西省宝鸡市眉县杨家村，现收藏于宝鸡青铜器博物院。（图53）

图53　逨盘（西周晚期）

逯 lù。【逯家庄壁画墓】东汉时期墓葬。位于河北省安平县。是东汉时期一座大型竖穴多室砖墓，由甬道、墓门、前室、中室、后中室、后室、北后室组成。在前室右侧室、中室和中室右侧室中绘有壁画，分别描绘墓主出行、日常生活、下属官吏治事、谒见等；在墓室券砖上书写有《急就篇》、《论语》、《孝经》等句子；更发现了汉灵帝熹平五年（176）题记。2001年公布为全国重点文物保护单位。

暹 xiān。【丁文暹】（生卒年不详），明代画家。号竹坡。江西瑞金人。作品有《秋树双雀图》等。

遴 lín。【万上遴】（1739—1813），清代书法家。字殿卿、辋（wǎng）川，又字辋冈。江西南昌人。善画山水。作品有《镜吾图》等。

遽 jù。【师遽方彝】西周中期青铜酒器。器盖作盝顶状，器体作长方形，横长于纵，口沿下及圈足都略有收缩，腹部略鼓，两侧有耳，作象鼻形高举，造型极为奇特。器内有中壁，将器体分隔为两室，盖的一侧缘有两个方形缺口，与器体内两室相对应。盖及器体饰变形兽面纹，口沿下及圈足饰兽体变形纹饰。盖器同铭，器6行、盖8行各铸67字。师遽为作器者名。现收藏于上海博物馆。（图54）

图54　师遽方彝（西周中期）

邃 suì。【程邃】（1607—1691），明末清初篆刻家、书画家。字穆倩、朽民，号垢区、青溪，别号垢道人，自称江东布衣，岩寺人。松江（今上海松江）人。作品有《山水图》、《幽居图》、《会心吟》、《萧然吟诗集》等。

屃（屓） xì。【贔（bì）屃】神话传说中的动物，龙生九子之一。龟形龙头，亦有龟形龟头者，有齿。传说其力大能负重，故石碑的基座常被雕刻成贔屃的形象。

屟 chán。【屟陵矛】战国后期青铜兵器。鋬口扁圆，刃部呈叶状，两脊凸起，血槽宽大。鋬上有阴刻铭文"屟陵"两字。1974 年出土于广西平乐银山岭，现藏于广西壮族自治区博物馆。屟陵，地名，属于楚国地域，在今湖北。

屣 xǐ。鞋。《吕氏春秋·观表篇》："视舍天下若舍屣。"

屨（屦） jù。单底鞋，多以麻、葛、皮等制成。后亦泛指鞋。《周礼·天官·屦人》："掌王及后之服屦，为赤舄（xì）、黑舄，赤繶（yì）、黄繶，青句，素屦、葛屦。"

巺 qí。【无巺簠】西周中期青铜食器。有盖，异口，

圈足。腹部两侧兽耳有环。通体饰横向瓦棱纹。盖器同铭，各铸 7 行 58 字，盖少一字。记无巺随从周王征伐南淮夷事。现藏于上海博物馆。

弪 jiàng。【亚弪鼎】商代后期青铜食器。圆体，大口，方唇，立耳，深腹，圆底，三中空柱足。口沿下饰六组兽面纹。足上部饰兽面纹，下端略收。口沿上有铭文"亚弪"两字。亚弪为古族名。1976 年出土于河南安阳殷墟妇好墓，现藏于中国国家博物馆。（图 55）

图 55　亚弪鼎（商代后期）

弣 fǔ。弓把中部。（图 56）《礼记·曲礼上》："凡遗人弓者，张弓尚筋，弛弓尚角，右手执箫，左手承弣。"

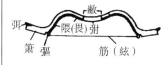

图 56　弓部位名称示意图

弨 chāo。【新弨戈】战国时期楚国兵器。长胡，沿侧阑有三穿，援略上扬，援脊起棱，内已折断。戈身有6字鸟篆铭文。"新弨"，人名。1955年湖北南漳出土，现藏湖北省襄阳市博物馆。

弩 nǔ。古代兵器，利用机械力量射箭的装置。《商君书·外内篇》："赏使之忘死，而威使之苦生，而淫道又塞，以此遇敌，是以百石之弩射飘叶也，何不陷之有哉？"【弩机】弩的机件。置于弩的臂末。其部件有钩弦的"牙"，牙上的瞄准器"望山"，牙下的扳机"悬刀"。三者铸成一体，用穿轴固于机身"郭"内。发射时扳动悬刀，牙向下缩，将所钩住的弦弹出，箭就被发射出去。弩机最早见于春秋晚期，战国、秦汉均盛行。（图57）

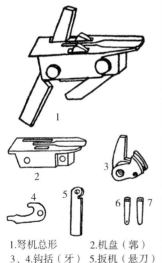

1.弩机总形　2.机盘（郭）
3、4.钩括（牙）　5.扳机（悬刀）
6、7.栓塞

图57　汉代铜弩机示意图

弭 mǐ。【弭叔簋】西周时期青铜食器。详见42页"宷"条"弭叔师宷簋"。

弡 kōu。弓弩两端系弦处。《说文·弓部》："弡，弓弩耑（duān），弦所居也。"

弙 yú。古国名。史籍无载。地在今陕西省宝鸡市。【弙伯四耳方座簋】西周中期青铜食器。隆盖，顶有圆形捉手。圆直口，平折沿方唇，浅腹，直壁，高圈足，下附方座。腹部有四兽首耳，下垂弙。盖面近捉手处饰有一周柿蒂纹和两周弦纹。近沿一周饰八组浮雕冏纹，间饰夔龙纹。腹饰八组浮雕冏纹，间饰夔龙纹。圈足上饰四组夔纹组成的兽面纹。方座四壁饰四组牛首。器身通体无底纹。器盖内壁铸铭文2行6字，其中"弙伯"为作器者名。1981年陕西省宝鸡纸坊头西周墓葬出土，现藏于宝鸡青铜器博物院。

姛 sì。【者姛方尊】商代青铜酒器。大敞口，宽折肩，高圈足；肩四隅有四立体有角象首；肩中部有四双角分叉龙首；颈饰蕉叶纹，肩及圈足饰鸟纹。腹部与圈足有曲折角型大兽面纹，圈足曲折雕成龙形；器四隅及每壁中心线皆设有棱脊，上端侈出器口。壁有铭文"亚醜，者姛以大子尊彝"9字。"亚醜"是族徽；"者姛"读作"诸姒"。此器系诸姒为其大子所作器。同铭器有两件，一件藏于北京故宫博物院，另一件藏于台北故宫博物院。

姞 jí。姓。旧传为黄帝之后所得十二姓之一。《国语·晋语四》："凡黄帝之子，二十五宗，其得姓者十四人为十二姓。姬、酉、祁、己、滕、箴、任、荀、僖、姞、儇（xuān）、依是也。"【杨姞壶】西周青铜酒器。圆体，束颈，鼓腹，圜底，圈足。有盖，盖顶附喇叭形捉手。颈部两侧出牺首套环耳。盖与器身分别饰窃曲纹、波曲纹、重环纹和横瓦棱纹。壶盖下口外壁及壶颈内壁铸有铭文，其中盖外口铭

5行，颈内壁铭文2行。1993年出土于山西省曲沃县北赵晋侯墓地，现藏山西省考古研究所。（图58）

图58　杨姞壶（西周）

婺 wù。【婺源宗祠】明清古建筑。位于江西省婺源县。包括汪口俞氏宗祠、黄村经义堂、篁（huáng）村余庆堂、豸（zhì）峰成义堂、阳春方氏宗祠、洪村光裕堂、西冲敦伦堂七处，是徽派建筑的代表。2006年公布为全国重点文物保护单位。

鎟 sāng。【鎟鼎】商代晚期青铜食器。立耳外侈，敛口，方折沿，腹微垂，柱足。口沿下饰兽面纹，并有短棱脊，足部饰兽面纹。腹内壁铸铭文2行7字，其中"鎟"为作器者名。另有刻款2行10字，书体文字较晚，当是后世所加刻。此器1940年出土于

陕西扶风任家村，现藏陕西历史博物馆。

鏊 lí。【鏊钫】西汉时期定量容器。方口，鼓腹，方圈足，盝（lù）形盖，盖顶有四立鸟钮，腹部有兽面铺首衔环耳。足部一侧铭一"鏊"字，当是地名，文献作"鏊"（tái）或"邰"，在今陕西武功县。该器 1976 年出土于广西贵县罗泊湾，现藏广西壮族自治区博物馆。（图 59）

图 59　鏊钫（西汉）

婒 qí。【不娶簋】西周晚期青铜食器。带盖，盖顶圈形捉手。子母口，鼓腹，兽首形双耳，圈足下承兽形足。盖饰横瓦棱纹与兽目交连纹。器身饰横瓦棱纹和兽体卷曲纹。圈足饰鳞纹。器底铸铭文

12 行 151 字，记述器主"不娶"因征伐西戎狁狁（xiǎn yǔn）有功，受到虢季子白氏的赏赐，于是制作此簋。该器 1980 年出土于山东滕州后荆沟西周墓。现藏山东省滕州市博物馆。

嬛 huán。【琅（láng）嬛仙馆图】清代王学浩作。水墨，绢本。王学浩（1754—1832），清代画家。字孟养，号椒畦。江苏昆山人。作品有《苍山幽趣图》等。琅嬛为传说中神仙的洞府，天帝藏书的地方，后泛指珍藏书籍之所在。

嬾（嬾） lǎn。【小子相嬾画帖】宋代黄庭坚书。纸本，7 行 104 字。现藏于上海博物馆藏。黄庭坚，参见 7 页"偈"条"七佛偈"。

㜀 jié。青铜兵器，即戟。最初由戈与矛组合而

图 60　㜀

成，后发展成为一整体。（图60）《左传·庄公四年》："楚武王荆尸，授师子焉，以伐随。"详见 76 页"戟"条。

孖 zī。【张善孖】即张泽（1882—1940），近现代画家。字善孖，一作善之，号虎痴。四川内江人。张大千兄。善山水、花卉、走兽，尤精画虎。作品有《金陵十二钗图》、《苏武牧羊》、《飞虎图》等。

孠 sì。古"嗣"字。【右孠鼎】战国晚期青铜食器。敛口，扁圆形深腹，腹侧上部有微向外撇的长方形双耳，圜底，三短蹄形足。盖隆起呈弧形，上有三环形纽。盖、腹有三处篆刻铭文，共 21 字。传该器 1945 年出土于河南洛阳东郊，现藏于洛阳市文物交流中心。（图61）

图61 右孠鼎（战国晚期）

驺 zōu。【何吾驺】（1581—1651），明代文学家、书法家。字龙友，号象冈，初字瑞虎，晚号闲足道人。香山（今广东中山）小榄人。善书法，取法钟繇、王羲之、苏轼等，兼习章草，融会贯通。当时书坛四大名家邢侗、董其昌、米万钟、张瑞图等谓其"树一帜于岭外"。作品有《草书冬日署中梅花诗轴》等。

驹（駢） pián。二马并驾一车。汉代画像砖石上有驹车图像。

驌（驌） sù。【赵伯驌】（1124—1182），南宋画家。字希远。南宋宗室。擅长山水、人物、花鸟，界画亦精。作品有《万松金阙图》、《番骑猎归图》等。

驂（驂） cān。1. 同驾一车的三匹马。《诗经·小雅·采菽（shū）》："载骖载驷，君子所届。"亦泛指马或马车。2. 驾车时位于两边的马。3. 乘；驾驭。【轺（yáo）车骖驾画像砖】东汉画像砖。此画像砖中部浮雕一骖驾轺车，上有车盖，车轮十六辐。驾车的三匹马并列疾驰，皆断鬃结尾。车上坐二人，皆头戴高冠，前端一人手执缰绳为御者，其后一人身躯

较大，应为车主人。现藏于四川博物院。（图62）

图62　轺车骖驾画像砖（东汉）

魋 guī。【大魋铜权】秦代衡器。又称大魋两诏铜权。权体呈八棱体，腹空。权体铸有廿六年始皇诏书和二世诏书，权顶部横梁左右有阴文篆书"大魋"二字。现藏南京博物院。（图63）

图63　大魋铜权（秦代）

騩（騩）xiāng。【宋故龙騩将军护镇蛮校尉宁州刺史邛（qióng）都县侯爨（cuàn）使君之碑】即《爨龙颜碑》之碑额题字。龙

騩将军，职官名。详见94页"爨"条"爨龙颜碑"。

纤（紆）yū。【缪（miào）纤墓志】汉代墓志。刻于火成岩石条上。墓志内容为介绍墓主缪纤生平，并言及县与郡国关系。铭文共17行256字。1982年在江苏邳县燕子埠调查发现。

绂（紱）fú。【王绂】（1362—1416），明代画家。字孟端，号友石、九龙山人、青城山人、鳌里等。江苏无锡人。作品有《王舍人诗集》、《潇湘秋意图》、《江山渔乐图》、《秋林隐居图》等。

绉 zhōu。【绉纱】绉纱是古代一种丝线经过加拈因而起绉、外观呈现明显方孔的丝织物。1957年长沙市左家塘44号墓出土战国时期绉纱手帕一件。此帕一角打小结，上下毛边，两侧幅边完整。纱质地轻薄，纱孔清晰，皱纹明显，对研究楚纺织工艺具有重要价值。该物现藏湖南省博物馆。

绋（紼）fú。【仇绋】东汉书法家。字子长。下辨（今属甘肃省）人。作品有《郙（fǔ）阁颂》等。

綖 xiàn。同"线"。【綖环钱】古代劣币。铜钱遭剪凿后，凿心部分（即剪边钱）重新投入流通；凿余部分便约定俗成的称之为"綖环钱"。綖环钱在东汉晚期开始出现，常见有五铢綖环钱、货泉綖环钱和大泉五十綖环钱等。另外，南朝宋时铸行的一种劣钱名，环薄细如线，亦称綖环钱。《宋书·颜竣传》："景和元年，沈庆之启通私铸，由是钱货乱败，一千钱长不盈三寸，大小称此，谓之鹅眼钱。劣于此者，谓之綖环钱。入水不沉，随手破碎。市井不复料数，十万钱不盈一掬（jū），斗米一万，商货不行。"

绛（绛）jiàng。【绛帖】北宋潘师旦摹刻法帖。因其刻于绛州（今属山西），故名。刻于宋皇祐、嘉祐年间（1049—1063）。《绛帖》是民间刻帖，以《淳化阁帖》（参见80页"戋"条"赵戋"）为底本而有所增删，集宋以前书法名家之大全，具有很高的书艺价值。北京故宫博物院藏有明末涿州冯铨旧藏本《绛帖》，为二十卷本，分装十册，每册两卷。

绮（綺）qǐ。有花纹的丝织品。《楚辞·招魂》："纂（zuǎn）组绮缟（gǎo），结琦璜（qí huáng）些。"【绮园】清代园林。位于浙江省海盐县。其建筑具有典型的江南私家园林风格。2001年公布为全国重点文物保护单位。

绶（綬）shòu。丝带。古代用以系佩玉、官印、帷幕等。绶带的颜色常用以标志不同的身份与等级。《礼记·玉藻》："天子佩白玉而玄组绶，公侯佩山玄玉而朱组绶。"【伊秉绶】（1754—1815），清代书法家。字祖似，号墨卿，晚号默庵。福建汀洲人，故人又称"伊汀洲"。善书，兼喜绘画、篆刻，亦工诗文。与邓石如并称"南伊北邓"。多有书法作品传世。【陈洪绶】（1598—1652），明末清初书画家、诗人。字章侯，幼名莲子，一名胥岸，号老莲，别号小净名，晚号老迟、悔迟，又号悔僧、云门僧。浙江诸暨人。工人物画，又工诗善书。作品有《西厢记》插图、《水浒叶子》、《博古叶子》、《宝纶堂集》等。【金银平脱鸾鸟啣绶镜】唐代铜镜。详见

27页"唧"条。

绹 táo。绳索。《诗经·豳风·七月》："昼尔于茅，宵尔索绹。"【绹索龙纹壶】春秋晚期青铜酒器。高体束颈鼓腹。颈部两端置对称兽形耳。口沿下饰内填一对夔龙的垂叶纹带。颈腹部有带状纹五道，均以绹索纹带为界纹。该器据传出土于山西浑源李峪村，现藏美国弗利尔美术馆。(图64)

图64　绹索龙纹壶（春秋晚期）

缂（緙） kè。【缂丝】我国特有的织造手工艺。又称"刻丝"。即通过挑经显纬的方法织造立体感的丝织工艺品。我国缂丝技法首先用于缂毛，至少在汉代已经出现，宋元以来一直为皇家御用织物之一。【汉代奔马缂丝毛织物】汉代毛织物。1930年英国人斯坦因发现于新疆古楼兰遗址。用彩色纬纱缂奔马和卷草花纹，体现了汉代新疆地区的纹样风格，是迄今为止出土文物中时代最早的一件通经回纬织物。现收藏于英国皇家博物馆。

緱（緱） gōu。刀剑柄所缠之绳。《史记·孟尝君列传》："冯先生甚贫，犹有一剑耳，又蒯（kuǎi）緱。"裴骃集解："蒯音苦怪反，茅之类，可为绳。言其剑把无物可装，以小绳缠之也。緱音侯，亦作'候'，谓把剑之处。"【缠緱纹】刀剑柄上装饰的绳索缠绕状纹饰。

緫（總） zǒng。即"总"之异体字。古代车马之饰。《周礼·春官·巾车》："王后之五路。重翟，锡（yáng）面朱緫；厌翟，勒面缋（huì）緫；安车，雕面鹥（yì）緫。皆有容盖。"

缙（縉） jìn。【谢缙】（生卒年不详），明代首位内阁首辅、著名学者。一作谢晋。字孔昭，号叠山、兰庭生、深翠道人，晚年称葵丘翁。吴县（今江苏苏州）人。善书画。作品有《兰庭集》、《春林雨意图》等。

縑（縑） jiān。即用双丝织的浅黄色细绢。

《淮南子·齐俗训》："夫素之质白，染之以涅（niè）则黑；缣之性黄，染之以丹则赤；人之性无邪，久湛于俗则易。"

纈 xié。染有彩纹的丝织品。《魏书·高阳王雍传》："奴婢悉不得衣绫绮缬止于缦缯而已，奴则布服，并不得以金银为钗带，犯者鞭一百。"【夹缬】我国传统印染工艺。即用二木版雕刻同样花纹，以绢布对折，夹入此二版，然后在雕空处染色，成为对称花纹。后亦将采用该法印花所成的锦、绢等丝织物叫夹缬。在吐鲁番、敦煌、都兰等地以及北高加索地区皆有发现。

繻（繻） rú。古代作通行证用的帛。上写字，分成两半，过关时验合，以为凭信。《汉书·终军传》："初，军从济南当诣博士，步入关，关吏予军繻。"

缵 zuǎn。【谢缵墓】三国至明代墓葬。位于河南省太康县。遗址包括谢缵墓、碑、谢斌墓、碑等不同时代墓葬。其中谢缵墓是阳夏（太康古称阳夏）谢氏现存最早的墓。2008 年公布为河南省文物保护单位。阳夏谢氏是历史上的名门望族，谢安、谢灵运、谢石、谢玄、谢道韫（yùn）等均出自该族。

鬺 liè。【鬺季鼎】春秋早期青铜食器。立耳，方折沿，浅腹，圜底，下承三短锥足。腹上部饰变形兽体纹，下饰大小相间的鳞纹，足根饰兽面纹。腹内壁铸铭文 18 字，其中"鬺季"为作器者名。该器现藏台北历史博物馆。（图 65）

图 65　鬺季鼎（春秋早期）

玦 jué。古时佩带的玉器。环形，有缺口。（图 66）《说文·玉部》："玦，玉佩也。"常用作表示决断、决绝的象征物。《荀子·大略篇》："聘人以珪（guī），问士以璧，召人以瑗（yuàn），绝人以玦，反绝以环。"

图 66　玦

玧 yǔn。古代少数民族冠冕两旁悬挂的玉，用以塞耳。《玉篇·玉部》："玩，蛮夷充耳。"

珐 fà。【珐琅】又作"佛郎"、"法蓝"，一称"景泰蓝"。用石英、长石、硝石和碳酸钠等加上铅和锡的氧化物烧制成的釉状物，涂在铜质或银质器物上，经过烧制，形成不同颜色的釉质表面，既可防锈，又可作为装饰。

珌 bì。古代刀鞘末端的装饰。(图67)《诗经·小雅·瞻彼洛矣》："君子至止，鞞（bǐng）琫（běng）有珌。"毛传"鞞，容刀鞞也。琫，上饰；珌，下饰。"一说指剑柄与剑身相接处的玉饰。

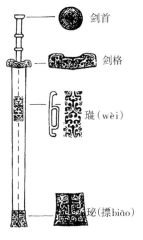

剑首
剑格
璏（wèi）
珌（摽biāo）

图67　玉剑饰

珉 mín。【王珉】（351—388），东晋书法家。字季琰，小字僧弥。王珣之弟。琅玡（今山东临沂）人。长于行书，得锺繇、张芝法。作品有《十八日帖》、《何如帖》、《欲出帖》、《此年帖》等。

珪 guī。即圭。参见18页"圭"。【夏珪】（生卒年不详），南宋画家。又名圭，字禹玉。临安钱塘（今浙江杭州）人。早年工人物画，后以山水画著称，为北派山水代表人物之一，与李唐、刘松年、马远被合称为"南宋四大家"。作品有《长江万里图》、《山水十二景》、《西湖柳艇图》、《溪山清远图》、《江山佳胜图》等。

珥 ěr。1. 珠玉做的耳饰，也叫瑱（tiàn）。《说文·玉部》："珥，瑱也。"《玉篇·玉部》："珥，珠在耳。"又"耳珰（dāng）"也称"珥"，即后来的耳环。2. 剑鼻。剑柄上端似双耳的突出部分。《说文》："镡（xín），剑鼻也。"《广雅·释器》："剑珥谓之镡。"

珙 gǒng。大璧。《玉篇·玉部》："珙，大璧也。"

珖 guāng。珖琯（guǎn），玉作的笛。《玉篇·玉部》："珖，珖琯也。"

珰（璫） dāng。1. 古代妇女的耳坠。《释名·释首饰》："穿耳施珠曰珰。"2. 汉代武官的冠饰。《后汉书·舆服志下》："武冠，一曰武弁（biàn）大冠，诸武官冠之。侍中、中常侍加黄金珰。"

珽 tǐng。【白珽】（1248—1328），元代诗文家、学者、书法家。字廷玉，号湛渊、栖霞山人。钱塘（今浙江杭州）人。以诗名于世，兼长书法，时人称他"诗逼陶、韦，书通颜、柳"。作品有《湛渊集》，有书画作品留存于世。

珩 héng。古代一组玉佩上端的佩件名，《说文·玉部》："珩，佩上玉也。"即玉珩，是成组玉佩饰中最重要的组件。其特征除圆弧形以外，每个时代的玉珩形制、纹饰的变化都极大。西周时期开始出现，至春秋战国时期佩玉盛行，玉珩作为成组佩玉的组成部分大量出现。汉代开始衰落，明清有仿制。也用作符信。（图68）

图 68 珩

珣 xún。【王珣】（350—401），东晋书法家。字元琳，小字法护。琅玡（今山东临沂）人。王导之孙，王洽之子，王羲之之侄。作品有《伯远帖》等。《伯远帖》，纸本，行书。为王珣给亲友的一通书函，其运笔自然，古逸洒脱，具有晋人特有的风神，是乾隆御藏三希帖之一。【杨珣碑】唐代石碑。位于陕西省扶风县法门镇石碑村。螭首，方座，圭额。碑额为唐肃宗所书；碑文隶书，26 行、行 57 字，为唐玄宗御书，具有较高的书法价值。2006 年公布为全国重点文物保护单位。杨珣为玄宗朝宰相杨国忠的父亲。

珞 luò。详见 60 页"璎"条"璎珞"。

璉（琏） lián。古代宗庙盛黍（shǔ）稷的器皿。《论语·公冶长》："瑚（hú）琏也。"何晏集解引包咸曰："瑚琏，黍稷之器。夏曰瑚，殷曰琏。"

珵 chéng。【徐珵】即徐有贞。徐有贞（1407—1472），明代书法家。初名珵，字元玉，号天全。吴县（今江苏苏州）人。作品有《武功集》等。

玲 hán。亦称"哈"。古代放在死者口里的含物，出土者多为玉制。（图69）经传多作"含"、"哈"。《说文·玉部》："玲，送死口中玉也。"

图 69　玲

琅 láng。【珐琅】装饰工艺名。详见54页"珐"条"珐琅"。

琫 běng。佩刀鞘上近口处的饰物，多以玉为之。《说文·玉部》："琫，佩刀上饰，天子以玉，诸侯以金。"

瓒 zhǎn。同"盏"。小杯子。《礼记·明堂位》："爵用玉瓒仍雕。"孔颖达疏："瓒，夏后氏之爵名也。以玉饰之，故曰玉瓒。"《说文新附》："瓒，玉爵也。夏曰瓒，殷曰斝，周曰爵。"

瑬 chù。玉器，八寸的璋。《尔雅·释器》："璋八寸谓之瑬。"

琥 hǔ。古代玉器名。礼器，玉器六瑞（参见60页"璧"）之一。《周礼·春官·大宗伯》："以玉作六器，以礼天地四方……以白琥礼西方。"（图70）据文献记载，琥是以白虎的身份来礼西方。但据目前考古资料，尚未见到琥的实物。现在一般将雕刻为虎形的一种玉饰称为琥。

图 70　琥

珸 chāng。古代少数民族所戴的玉制耳坠。《广韵·阳韵》："珸，耳珰。"

琱 zhōu。【琱生簋】西周晚期青铜食器。有五年琱生簋和六年琱生簋（又名周生簋、六年召伯虎簋)两件。两件形制相同，均为侈口浅腹，腹壁较直，底稍收敛，圈足高于器体而外撇。鸟兽形双耳较粗壮。五年簋耳下有外折的垂珥，长度与耳相当，六年簋垂珥残损。通体饰宽带组成的变体兽纹。五年琱生簋器内有铭文11行103字，六年琱生簋器底铸铭文11行105字。两器的铭文相互联系，记载了西周某次田地狱讼官司的前后过程，是了解西周宗法制度与土地制度的珍贵史料。其中"琱生"为作器者名。传原器早年出土于陕西，五年琱生簋现收藏于美国耶鲁大学博物馆，六年琱生簋现收藏于中国国家博物馆。(图71)【琱生尊】西周晚期青铜酒器。又名五年琱生尊。两件，器形纹饰、规格完全相同。敞口，方唇，束颈，溜肩，深腹下敛，平底。纹饰主要分布于腹部和肩部；肩部一周重环纹，腹部饰一周连续三角纹，直线纹地。它们与传世的五年琱生簋、六年琱生簋，共同记述同一事件的不同阶段，为了解琱生簋田地狱讼官司的来龙去脉，提供了新资料。琱生为作器者名。2006年出土于陕西省扶风县城关镇五

郡西村西周青铜窖藏，现收藏于宝鸡青铜器博物院。

图71　六年琱生簋（西周晚期)

琮 cóng。玉器名。我国古代重要的玉质礼器，玉器六瑞(参见60页"璧"。)之一。用于祭祀、丧葬等。最早见于新石器时代，是身份、地位、权势的象征。流行至汉代，后世有仿制。其基本特征为方柱形，中有圆孔，即内圆外方。(图72)《周礼·春官·

图72　琮

大宗伯》："以玉作六器，以礼天地四方，以苍璧礼天，以黄琮礼地。"

琬 wǎn。上端浑圆而无棱角的圭。（图73）《说文·玉部》："琬，圭有琬者。"《周礼·考工记·玉人》："琬圭九寸而缫（sāo），以象德。"郑玄注"琬，犹圜也，王使之瑞节也。"

图73　琬

瑟 sè。拨弦乐器。春秋时已流行，常与古琴或笙合奏。形似古琴，但无徽位，有五十弦、二十五弦、十五弦等种，今瑟有二十五弦、十六弦二种。每弦有一柱。上下移动，以定声音。（图74）《诗经·小雅·鹿鸣》："我有嘉宾，鼓瑟吹笙。"

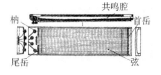

图74　瑟

珵 xīng。【永珵】即爱新觉罗·永珵（1752—1823），清代书法家。号少庵，一号镜泉，别号诒晋斋主人。为乾隆第十一子。善书，名重一时。作品有《杂体二十册字册》、《临欧阳询法帖》等。

瑀 yǔ。【萧瑀】（575—648），隋唐名士。字时文。黄连（今福建清流）人。善学能书。《绍兴秘阁续法帖》刊有其书迹。

瑗 yuàn。玉制礼器，即孔大边小的璧。（图75）《尔雅·释器》："肉倍好谓之璧，好倍肉谓之瑗，肉好若一谓之环。"郭璞注："瑗，孔大而边小。"【崔瑗】（77—142），东汉书法家。字子玉。涿郡安平（今属河北省）人。作品有《南阳文学官志》、《草书势》等。

图75　瑗

瑑 ①zhuàn。玉器上隆起的雕纹。《说文·玉部》："瑑，圭璧上起兆瑑也。"②wèi。即璏（wèi），剑鞘旁的玉制附件。古人佩剑，以带穿瑭而系之腰间。

瑭 ①tú。美玉。②shū。笏（hù），玉制的手板。

瑱 ①tiàn。1. 古人冠冕上垂在两侧的装饰物，用玉、石、贝等制成。2. 耳饰。北周·庾信《夜听捣衣诗》："小鬟（huán）宜粟瑱，圆腰运织成。"3. 美玉名。《文选·杂体诗三十首》："荣重馈兼金，巡华过盈瑱。"②zhèn。瑱圭，即镇圭。为古代帝王受诸侯朝见时所执，象征安定天下四方之意。《周礼·秋官·小行人》："成六瑞，王用瑱圭，公用桓圭，侯用信圭，伯用躬圭，子用谷璧，男用蒲璧。"

瑷 ài【瑷珲（huī）新城遗址】清代城址，位于黑龙江省黑河市。清康熙年间，为抵御沙俄的侵略，清政府在黑龙江左岸（今俄罗斯境内的维笑勒依村）建立瑷珲城，作为黑龙江将军驻地。康熙二十四年（1685），清政府鉴于旧瑷珲僻处江东，与内地交通及公文往来不便，于是将黑龙江将军移驻江右岸的达呼尔族城堡——托尔加城（今爱珲镇），重新修筑城寨，城名仍叫瑷珲，也称黑龙江城，历史上为了区别旧瑷珲城，又称为新瑷珲。瑷珲新城是我国北部清代抗俄历史名城。2001 年公布为全国重点文物保护单位。

璜 huáng。古代玉器名。玉器六瑞（参见 60 页"璧"）之一，朝聘、祭祀、丧葬时所用的礼器，也作装饰用。新石器时代开始流行，一直沿用到汉代以后。（图76）《周礼·春官·大宗伯》："以苍璧礼天，以黄琮礼地，以青圭礼东方，以赤璋礼南方，以白琥礼西方，以玄璜礼北方。"【鲜于璜碑】东汉石碑。全称《汉故雁门太守鲜于璜碑》。东汉延熹八年（165）十一月刻。碑呈圭形，隶书，两面共刻 827 字。碑文主要叙述鲜于璜的祖先世系及其生平经历。碑阴记载的世系与碑阳有所不同，应非同一人撰写。1972 年在天津市武清县出土，现藏于天津博物馆。

图76　璜

瓔（瓔）yīng。似玉的美石。《玉篇·玉部》："瓔，瓔珢（yín），石似玉也。"【瓔珞】用珠玉穿成的装饰物。多用作颈饰。《南史·夷貊传》："其王者著法服，加瓔珞，如佛像之饰。"

璋 zhāng。古代玉器名。玉器六瑞（参见本页"璧"）之一，状如半圭。古代朝聘、祭祀、丧葬、治军时用作礼器或信玉。始见于新石器时代晚期，盛行于商周。（图77）

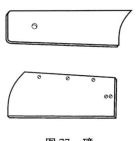

图77 璋

璟 jǐng。【宋璟碑】唐代石碑。全称《大唐故尚书右丞相赠太尉文贞公宋公神道之碑》。位于河北省沙河市东户村宋璟墓地（现洛阳中学院内）。因碑文是唐代"金紫光禄大夫行抚州刺史上柱国鲁郡开国公颜真卿撰并书"，又称《颜鲁公碑》。唐大历七年（772）九月二十五日立。圆首长方形，碑额浮雕龙纹。楷书，碑四面刻，三面为碑文，一面为记。2006年公布为全国重点文物保护单位。宋璟（663—737），邢州南和人（一说为邢州沙河人），唐代政治家。

璲 suì。1. 瑞玉。《诗经·小雅·大东》："鞙（xuān）鞙佩璲，不以其长。" 2. 古代的一种玉制剑饰。【王璲】（？—1425），明代书画家。字汝玉，以字行，号青城山人。四川遂宁人。作品有《青城山人集》、《手毕帖并诗》等。【宋璲】（1344—1380），明代书法家。字仲珩（héng）。浙江浦江人。宋濂次子。作品有《草书敬覆帖页》、《行书前日帖》、《书史会要》等。

瓃 wèi。剑鞘旁的玉制附件。古人佩剑，以带穿瓃而系之腰间。（图67）《说文·玉部》："瓃，剑鼻玉也。"

璂 qí。古代弁（biàn）缝的玉饰。《说文·玉部》："璂，弁饰，往往冒玉也。"

璧 bì。古代玉器名。古代贵族朝聘、祭祀、丧葬时用为礼器。玉器六瑞之一。中央穿孔、扁平状圆形玉器。《说文·玉部》："璧，瑞玉。圜也。"《尔雅·释器》："肉（器体）倍好（穿孔）谓之璧，好倍肉谓之瑗，肉好若一谓之环。"玉璧最早见于新石器时代，战国至两汉时期为其鼎盛期。后也作为装饰品。（图78）玉器六瑞，即玉制的璧、琮、圭、璋、琥、璜六种礼器，分别代表天、地和东、南、西、北四方。《周礼·春官·大宗伯》："以玉作六器，以礼天地四方，以苍璧礼天，以黄琮礼地，以青圭礼东方，以赤璋礼南方，以白琥礼西方，以玄璜礼北方。"

图78　璧

瓚（瓚）　zàn。【倪瓚】（1301—1374），元代画家、诗人。初名珽，字元镇，号云林，又署云林子或云林散人，别号净名居士、荆蛮民等。江苏无锡人。与黄公望、王蒙、吴镇为元四家。作品有《雅宜山斋图》、《渔庄秋霁图》、《鹤林图》、《疏林小景》等。

璝　guī。【胡璝】（生卒年不详），五代后唐画家。契丹人，一作范阳（今河北涿州）人。作品有《卓歇图》等。

瓘　guàn。【卫瓘】（220—291），西晋书法家。字伯玉。河东安邑（今山西夏县）人。作品有《顿首州民帖》等。【张怀瓘】（生卒年不详），唐代书法家、书学理论家。海陵（今江苏泰州）人。作品有《书断》、《评书药石论》、《书议》、《文字论》等。【陈瓘】（1057—1122），一作（1062—1126），宋代诗人、书法家。字莹中，号了翁。南剑州沙县（今福建沙县）人。作品有《仲冬严寒帖》等。

韍（韍）　fú。1. 古代大夫以上祭祀或朝觐时遮蔽在衣裳前的服饰。用熟皮制成。形制、图案、颜色按等级有所区别。《礼记·玉藻》："一命缊（wēn）韍幽衡，再命赤韍幽衡，三命赤韍葱衡。" 2. 系印玺的带子。《汉书·游侠传·陈遵》:"遵知饮酒饮(yù)宴有节,礼不入寡妇之门,而湛酒涸(hùn)肴,乱男女之别,轻辱爵位,羞污印韍,恶不可忍闻。"亦代指印玺。《晋书·王献之传》:"功勋既融,投韍高让。"

韠(韠) bì。皮制的蔽膝。古代朝觐或祭祀用以遮蔽在衣裳前。《诗经·桧风·素冠》:"庶见素韠兮,我心蕴结兮,聊与子如一兮。"

韘(韘) shè。古代射箭用具。用象骨或玉制成,套在右手拇指上用以钩弦。也称玦、决,俗称扳指。(图79)《诗经·卫风·芄兰》:"芄兰之叶,童子佩韘。"

图79 韘

韞(韞) yùn。"韫"的繁体字。【临萩(yì)韞多材帖】清代朱耷作品。卷轴,纸本。

《萩韞多材帖》,又称《叔艺帖》,唐高宗李治书,后代书家多有临摹。朱耷,详见135页"耷"条"朱耷"。【林韞】(生卒年不详),唐代书法家。字复梦,福建莆田人。著有《拨镫序》等。

韝(韝) gōu。1. 臂套。有皮、玉、金等质地。射箭、架鹰时缚于两臂束住衣袖以便动作。《汉书·东方朔传》:"董君绿帻傅韝,随主前,伏殿下。" 2. 古代鼓风吹火的皮囊。唐·顾云《池阳醉歌赠匡庐处士姚岩杰》诗:"肺枯似著炉韝煽,脑热如遭锤凿钉。"

韣 dú。弓袋,弓套。《吕氏春秋·仲春纪》:"天子亲往,后妃率九嫔御,乃礼天子所御,带以弓韣,授以弓矢,于高禖(méi)之前。"

杅 yú。1. 盛汤浆的器具。《仪礼·既夕礼》:"用器:弓矢、耒耜(lěi sì)、两敦、两杅、槃(pán)、匜。" 2. 浴盆。《礼记·玉藻》:"浴用二巾,上绤(chī)下绤(xì),出杅,履蒯(kuǎi)席,连用汤,履蒲席,衣布晞(xī)身,乃屦(jù)进饮。"

杇 wū。涂墙的工具，木制。即泥抹子。《尔雅·释宫》："镘（màn）谓之杇。"

枕 dì。【孙枕】（生卒年不详），明末清初画家。字子周，一字漫士，号竹痴。钱塘（今浙江杭州）人。擅画写生花鸟，尤精勾勒飞白竹石；兼工分、隶、行、草。作品有《竹石芙蓉图》、《梅茶水仙图》、《墨竹图》等。

机 wù。凳子。北魏·贾思勰《齐民要术·种桑柘》："春采者，必须长梯高机，数人一树，还条复枝，务令净尽。"【马机】专供上马下马踩踏用的矮凳，称为"下马机子"，简称"马机"。

杓 biāo。【常杓】（生卒年不详），宋代书法家。擅长篆书。作品有《宋人词册》帖。

杞 qǐ。1. 古国名。相传武王伐纣，封夏禹后代东楼公于杞，称杞国。公元前445年灭于楚。初在今河南杞县，后迁至今山东安丘东北。《论语·八佾（yì）》："夏礼吾能言之，杞不足征也；殷礼吾能言之，宋不足征也。"2. 姓。春秋有杞梁。【杞伯鼎】春秋前期食器。侈口，双直耳，圆腹，圜底，三蹄足。腹饰凸弦纹。腹内壁有铭文4行21字，重文一。同铭传世器多种。此件1966年出土于山东滕县，现藏于山东省滕州市博物馆。

枏 nán。【仲枏父鬲】西周中期青铜食器。宽平沿，狭颈，平裆，蹄足。腹饰棱脊，并有对称的蟠龙纹。口沿及内壁有铭文38字，记仲枏为师汤父有司作此宝鬲，享孝祖考，以祈眉寿。1962年陕西永寿同出三件，现藏于陕西历史博物馆。（图80）

图80　仲枏父鬲（西周中期）

栚 chéng。支柱。传统家具部件名称。多施于桌椅类家具腿柱处。功能为加强桌椅腿足之间或腿足与桌底面的连接。依照样式，可分罗锅栚、霸王栚、管腿栚、十字栚等。

柽 fán。【柽禁】古代承放酒器的长方形几案。1901年陕西宝鸡斗鸡台曾出土西周早期杸禁一套，禁身为一长方形台座，两侧有上下各四共八个长方形孔，两端有上下各二共四个长方形孔，其间隔梁和边框饰瘦长型尖角龙纹。台面平整，遗留有置放二卣一尊的痕迹。现藏于美国大都会艺术博物馆。

殳 shū。同"殳"。参见90页"殳"。【晋殳】战国前期青铜兵器。系两端皆装无刃铜套的长杆，上部多呈不规则的八棱形，下部呈圆形，有的全秘均呈圆形。1978年湖北随县曾侯乙墓同出十四件，现藏于湖北省博物馆。

枋 fāng。两柱之间起联系作用的长方形木材。北魏·郦道元《水经·沁水注》："于是夹岸累石，结以为门，用代木门枋。"

枓 ①dǒu。形如小杯，连铸一条曲形长柄的青铜酒器。青铜枓最早见于商代晚期，西周时代尚有。（图81）【枓栱】即斗栱。我国传统木结构建筑中的一种支撑构件，主要由斗形木块和弓形肘木纵横交错层叠构成。栱是传统建筑中梁、柱间的弧形承重结构，枓是垫栱的方木块，合称枓栱。②zhǔ。勺子一类的舀

水用具。《礼记·丧大记》："浴水用盆，沃水用枓。"

图81 枓

杼 zhù。织机的梭子。（图82）《诗经·小雅·大东》："小东大东，杼柚其空。"

图82 杼

栉(櫛) zhì。梳子和篦子的总称，喻像梳齿那样密集排列。【栉纹】由短线组成的形如梳子、篦子齿状的纹饰带。多饰于铜器、陶瓷器等上。【刻划栉纹红陶盆】泥质红陶。敛口，鼓腹，高圈足外撇。器身刻划有栉纹、折曲纹、指甲纹，以栉纹为主纹饰。1978年出土于湖南安乡，是大溪文化的代表性陶器。现藏湖南省博物馆。

柘 zhè。【潭柘寺】金、明、清代建筑。位于北京门头沟区。坐北朝南，主要建筑可分为中、东、西三路，中路主体建筑有山门、天王殿、大

雄宝殿、斋堂和毗（pí）卢阁。东路有方丈院、延清阁、行宫院、万寿宫和太后宫等。西路有楞严坛（已不存）、戒台和观音殿等。此外，还有位于山门外山坡上的安乐堂和上、下塔院以及建于后山的少师静室、歇心亭、龙潭、御碑等。塔院中共有 71 座埋葬和尚的砖塔或石塔。2001 年公布为全国重点文物保护单位。

枳（柷） zhù。古乐器名。木制，形如方斗。奏乐开始时击之。（图 83）《诗经·周颂·有瞽（gǔ）》："应田县鼓，鞉（táo）磬（qìng）柷圉（yǔ）。"

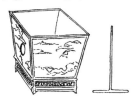

图 83　柷

柶 sì。古代礼器。用角、木等材料制成，形状和功用如匙，用以舀取食物。（图 84）《说文·木部》："柶，《礼》有柶。柶，匕也。"

图 84　柶

柎 ①fū。悬挂钟、磬木架的脚。《说文·木部》："柎，阑足也。" ②fū。弓弣（bà）两侧贴附的骨片，用以增强弓体的弹力。《周礼·考工记·弓人》："于挺臂中有柎焉，故剽。"

栎（櫟） yuè。古县名。秦置栎阳县，在今陕西临潼北渭水北岸。【栎阳城遗址】战国至汉代城址。位于陕西省西安市。平面为长方形，面积 4.2 平方公里，城墙为夯筑。城内发现有居址和大型夯土基址。城外东北是秦汉大型墓葬区，东南是战国至东汉墓群。栎阳城遗址出土有铜斧、铁铲、铁块、石磨、板瓦、陶盆、瓮等遗物。栎阳城作为战国时秦国、西汉早期都城，规模大，保存较好，有比较完整的城市布局。它是中国城市发展阶段上的重要环节，对研究秦汉都城的规划、中国城市的发展史都有重要价值。2001 年公布为全国重点文物保护单位。

柲 bì。戈、矛等兵器的长柄，用木、竹制成。《周礼·考工记·庐人》："戈柲六尺有六寸。"

枷 jiā。1. 本作"枷"。一种用以脱粒的农具，俗称连枷，用竹木制作。《国语·齐语》："令夫农，群萃而州处，察其四时，权节其用，耒耜（lěi sì）枷芟（shān），及寒，击草（gǎo）除田，以待时耕。"2. 古代加在犯人颈上的木制刑具。《隋书·刑法志》："罪刑年者锁，无锁以枷。"

桯（樫） chēng。【桯居】杜董的号。详见23页"董"条"杜董"。

栻 shì。古代占卜时日的器具，后称为星盘。《汉书·王莽传》："天文郎桉栻于前，日时加某，莽旋席随斗柄而坐，曰：'天生德于予，汉兵其如予何！'"

栲 kǎo。【栲栳（lǎo）】用柳条编成，形状像斗的容器。也叫"笆斗"。【栲栳山遗址】商代遗址。位于河北省承德市，2001年公布为河北省文物保护单位。

栳 lǎo。详见本页"栲"条"栲栳"。

栱 gǒng。在立柱与横梁交接处向外伸出成弓形的承重结构。参见64页"枓"条"枓栱"。

桎 zhì。拘系犯人两脚的刑具。【桎梏（gù）】古代刑具，即脚镣手铐。戴在手上的为梏，戴在脚上的为桎。《周易·蒙卦》初六："发蒙，利用刑人。用说桎梏，以往，吝。"

桤（橙） qī。【桤木诗帖】又称《书杜工部桤木诗卷帖》。苏轼书杜甫诗，澄心堂纸本。行书，19行159字。苏轼（1036—1101），北宋文学家、书画家。字子瞻，号东坡居士。眉州（今四川眉山）人。其在文学艺术方面堪称全才，书法擅长行书、楷书，与黄庭坚、米芾、蔡襄并称宋四家。作品有《寒食帖》、《祭黄几道文卷》、《前赤壁赋》等。桤木，木名，落叶乔木。

桁 ①héng。梁上、门框或窗框等上的横木。《文选·景福殿赋》："桁梧复叠，势合形离。"②háng。大械。古代加在犯人颈上或脚上的刑具。《隋书·刑法志》："流罪已上加杻（chǒu）械。死罪者桁之。"

栾 luán。【栾书缶】春秋中期青铜酒器。器平唇直颈，鼓腹，小平底。腹中部为四环钮，饰以云纹。弧形盖上有四环钮，饰斜角云纹。自颈至肩下有错金铭文 5 行 40 字。盖内有铭文 8 字，为春秋中期晋国卿大夫栾书子孙所作之器。现藏于中国国家博物馆。（图 85）

图 85　栾书缶（春秋中期）

棻 fēn。【令狐德棻墓】唐代墓葬。位于陕西省铜川市耀州区杨河村。1992 年公布为陕西省文物保护单位。令狐德棻（583—666），唐初政治家，史学家。宜州华原（今陕西耀县）人。多次参加官书的编写，最大贡献为编修《周书》。

梪 dòu。即豆。古代食器，亦作礼器用。高足，用来盛放肉酱一类食物。有陶质、铜质、木质等。

梏 gù。古代刑具。详见 66页"桎"条"桎梏"。

桴 fú。房屋的次栋，即二梁。亦泛指房栋。《说文·木部》："桴，眉栋也。"

桷 jú。1. 抬土的工具，形如肩舆，木制。（图 86）2. 履下施钉的登山用具。

图 86　桷

椟（櫝） dú。柜、函一类的藏物器。《论语·季氏》："虎兕（sì）出于柙（xiá），龟玉毁于椟中，是谁之过与？"【椟丸】古代盛箭的器具。

椃 háo。【宰椃角】商代晚期青铜酒器。凹弧形口，前后均作尖尾状，圆卵形腹，

图 87　宰椃角（商代晚期）

一侧有兽头鋬，三尖锥状足。口下一周三角形纹，腹饰兽面纹。器内有铭文五行，鋬内壁上铸铭文 2 字。其中“宰椃”为作器者名。该器现藏于日本泉屋博物馆。（图 87）

椑 pí。古代一种椭圆形的盛酒器。（图 88）

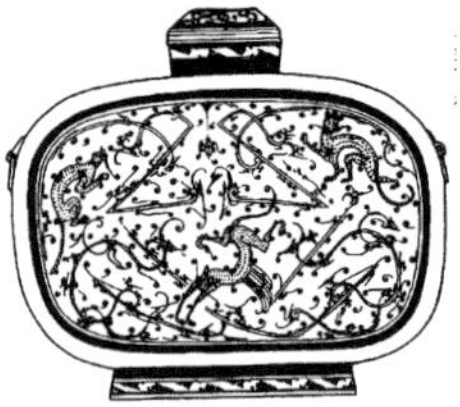

图 88　椑

椁（槨） guǒ。棺材外面的葬具，置棺其中。其底与四周均用方木垒成，上盖椁板。《论语·先进》：“鲤也死，有棺而无椁。”

棜 yù。古代礼器。一种长方形的木承盘，无足，大小不一。《仪礼·既夕礼》：“设棜于东堂下，南顺，齐于坫（diàn）。”【棜案】无足，类似托盘，食案的一种。有木质和铜质两种。（图 89）

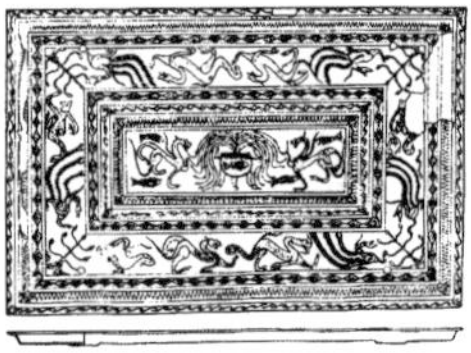

图 89　棜案

棓 ①bàng。农具名，即连枷。② bēi。古代盛羹（gēng）注酒之器。

棨 qǐ。1. 古代用木制成的符信，出入关津时用作凭证。《说文·木部》：“棨，传信也。”2. 亦作“綮”。有缯（zēng）衣的戟。古代官吏出行时用作前导的一种仪仗。也叫“棨戟”。《汉书·韩延寿传》：“延寿衣黄纨（wán）方领，驾四马，傅总，建幢棨，植羽葆（bǎo），鼓车歌车。”3. 制茶用具。唐·陆羽《茶经·二之具》：“棨，一曰锥刀。柄以坚木为之，用穿茶也。”【曾棨】（1372—1432），明代书法家、诗人。字子棨，号西墅。永丰（江西永丰）人。作品有《巢睫集》、《赠王孟安词》等。

椭（橢） tuǒ。椭圆形的容器。形似双环耳钘（hé，参见 116 页“钘”条），鼓腹，敛口。因汉器中无名钘者，故名椭。西汉·史游《急就篇》：“椭杅（yú）盘案杯問（xiǎ）碗。”颜师古注：“椭，小桶也，所以盛盐骴（chǐ）。"【两诏椭升】秦代青铜量器。椭圆形，腹较深。外壁一侧刻秦始皇二十六年诏书 4 行，另一侧刻秦二世诏书 7 行，故名"两诏"。该器现藏于上海博物馆。

榦 gàn。1. 井栏。《庄子·秋水篇》："吾乐与！出跳梁乎井榦之上，入休乎缺甃（zhòu）之崖。"2. 井榦式，汉代的木构架之一。3. 古代筑墙时，竖在夹板两边起固定作用的木柱。《尚书·费誓》："鲁人三郊三遂，峙乃桢榦。"

樗（櫸）jǔ。木名。榆科落叶乔木。叶互生，椭圆状卵形，有毛。叶、木皮可入药。木质坚实，纹理细，耐水湿，可供造船、建筑、桥梁等用。【樗溪孔氏家庙】清代建筑。位于浙江省磐（pán）安县。始建于南宋宝祐二年（1254）。现存建筑为清代修建。门楼采用三柱穿斗结构；戏台为轩阁式结构；前厅、后堂是五开间，抬梁式和穿斗式相结合。2006 年公布为全国重点文物保护单位。樗溪孔氏始祖孔端躬原籍山东曲阜阙里，系孔子四十八代孙。

槩 gài。【王槩】（1645—约1710），清代画家。初名匄（gài），一作改，亦名丐，字东郭，一字安节。祖籍秀水（今浙江嘉兴），久居江宁（今江苏南京）。作品有《山卷晴云图》、《石城雾雪》、《采芝图》、《画学浅说》等。

梀 mào。【徐梀】（？—1823），清代书法家。字仲繇，一字仲勉，号问蘧（qú）、问瞿、问渠、问年道人、子勉父，秋声馆主，斋堂为问蘧庐、秋声馆。钱塘（今浙江杭州）人。作品有《溪山草堂图》等。

槅 gé。1. 大车的轭。借指车。《文选·西京赋》："商旅联槅，隐隐展展。"2. 放置物品的隔板。3. 窗上的格子。【多子槅】即"多子格"。流行于魏晋南北朝的一种用于放置果品的器具，既有陶、瓷制品，也有漆木器。多作方形或圆形，内有分格，用于分装不同食物。（图90）

图90　方形多子槅

椢 hǎi。木制酒器。《玉篇·木部》："椢，酒椢也。"《正字通·木部》："椢，酒器，以木为之。"

榫 sǔn。制竹、木、石等器物时，为使两材接合所特制之凹凸处。参见 11 页"榫"条"榫卯"。【榫眼】器物上承受榫头的凹形洞。【榫头】器物或构件上利用凸凹方式相连接的凸出部分。

槔 gāo。【桔槔】利用杠杆原理的一种汲水器。春秋时已发明，至汉代普遍使用。（图 91）《庄子·天地篇》："凿木为机，后重前轻，挈（qiè）水若抽，数如泆（yì）汤，其名为槔。"

图 91　桔槔示意图

樗 chū。【樗仙】明代画家谢时臣的号。谢时臣（1488—1567），字思忠，号樗仙。吴县（今江苏苏州）人。作品有《溪山揽胜图》、《雅钱图》、《林霭（ǎi）山岚图》等。【樗寮（liáo）】张即之的号。张即之（1186—1263），南宋书法家。字温夫，号樗寮。历阳（今安徽和县）人。作品有《汪氏报本庵记》、《佛遗教经》、《台慈帖》等。

樏 lěi。器物名。一种盛食品的扁盒，中有隔，形制不一。（图 92）

图 92　樏

樾 yuè。【棠樾石牌坊群】明清牌坊建筑群。位于安徽省歙（shè）县城西。由七座巨型石牌坊组成，其中三座为明代所建，四座为清代所建。该牌坊群是棠樾村的鲍氏家族为旌表本族历史上有卓著功德人物而建，为徽派石雕的代表，是研究古典建筑和明清社会的重要实物资料。1996年公布为全国重点文物保护单位。【俞樾旧居】即曲园。清代园林。位于江苏省苏州市。为清代大学者俞樾旧居。2006

年公布为全国重点文物保护单位。俞樾（1821—1906），字荫甫，自号曲园居士，浙江德清人。其一生精研博大，治学以经学为主，旁及诸子学、史学、训诂学，乃至戏曲、诗词、小说、书法等，著作极丰。海内及日本、朝鲜等国向他求学者甚众，被尊为朴学大师。

檠 qíng。矫正弓弩的器具。《淮南子·修务训》："弓待檠而后能调，剑待砥而后能利。"【弓檠】正弓的工具。多用竹制，形状与弓相同。当弓不用时，缚于弓内侧，以防弓受损。《仪礼·既夕礼》："弓矢之新，沾功。有弭饰焉，亦张可也，有柲（bì）。"郑注："柲，弓檠。"

橐（槖） tuó。1. 盛物的袋子。《诗经·大雅·公刘》："笃公刘，匪居匪康，乃埸（yì）乃疆，乃积乃仓，乃裹糇（hóu）粮，于橐（tuó）于囊，思戢（jí）用光。"2. 盛泥土的器具。《庄子·天下篇》："禹亲自操橐耜（sì）而九杂天下之川；腓（féi）无胈（bá），胫（jìng）无毛，沐甚雨，栉（zhì）疾风，置万国。"3. 古代冶炼时用以鼓风吹火的装置，犹今之风箱。《墨子·备突》："置窑灶，门旁为橐，充灶伏柴艾，寇即入，下轮而塞之，鼓橐而熏之。"

橛 jué。【合金铜金刚橛】明初佛教法器。高24.2厘米、三角形边长9.9厘米。现藏于西藏博物馆。金刚橛原是兵器，后来被藏传佛教吸收为法器，由铜、银、木、象牙等各种材料制成，外形上大同小异，都是有一尖刃头，但手把上因用途不同而装饰不同。有的手柄是佛头；也有的是观音菩萨像，头戴五骷髅冠，最上端又有马头。修法时在坛场的四角树立，有使道场范围内坚固如金刚，各种魔障不能危害之作用。

橹（艪） lǔ。1. 古代兵器。大盾。《说文·木部》："橹，大盾也。"《左传·襄公十年》："狄虒（tí）弥建大车之轮而蒙之以甲，以为橹，左执之，右拔戟，以成一队。"2. 战车的一种。《六韬·军用》："武翼大橹，提翼小橹。"3. 比桨长大的划船工具，安在船尾或船旁。《释名·释船》："在旁曰橹。橹，膂（lǔ）也。用膂力然后行舟也。"

橼(櫞) yuán。【香橼游鸭图】清代陈舒画作。卷轴，纸本。陈舒（生卒年不详），清代画家。字原舒，一字元舒，号道山，嘉善（今浙江嘉善）人，一作华亭（今上海松江）人。作品有花鸟册等。

櫶 xuán。古代带足的圆盘。也指圆形面的案。（图93）《说文·木部》："櫶，圆案也。"

图93 櫶

轪(軑) dài。1. 车毂（gǔ）端头的盖帽。《楚辞·离骚》："屯余车其千乘兮，齐玉轪而并驰。"也借指车轮，《文选·始出尚书省》："青精翼紫轪，黄旗映朱邸。"2. 古国名。汉惠帝二年（前193）四月，封长沙国丞相利仓为轪侯。轪侯国都在今湖北蕲（qí）水县西四十里。湖南长沙马王堆汉墓出土有"轪侯"铭文的文物，当为轪侯家族墓。

軎 wèi。车具构件，即车轴头。典籍中亦作"轊"。铜质軎一般呈长筒形，套在车轴两端，用以加固轴头。在铜軎上和轴端有一横穿的孔，插入辖（详见75页"辖"），使軎固于轴头上。1982年北京顺义县龙湾屯曾出土交龙纹车軎一件，軎外端置一周凸棱，軎身中部饰一周交龙纹，軎两侧棱内有长方形对穿二辖孔。二车軎各配有一辖。现藏北京市文物研究所。

軘 chūn。毂饰的部件之一，与輨（guǎn）相邻，作箍形。《说文·车部》："軘，车约軘也。"

軓 fàn。轼前掩舆的軨木。考古发现有商代与軓相配的铜质器物。

軏 yuè。亦作"輚（yuè）"。是插在车辕前端与车衡连接处的活销。《论语·为政》："大车无輗（ní），小车无軏，其何以行之哉？"軏可见铜质的，套在车辕前端，或做成兽头状，或有纹饰，兼有装饰功能。

軛(軶) è。驾车时搁在牛马颈上的曲木。考古出土有铜质的軛部件。

轳（轤）lú。辘轳，汲水装置。详见 75 页"辘"条"辘轳"。

轵（軹）zhǐ。【轵国故城】春秋至汉代城址。位于今河南省济源市南部轵城镇。春秋始建，战国、汉代增修。城略呈方形，东、南城墙保存较好。发现有城门遗址七处、水门遗址二处。城内出土有大量骨、石、陶、铜、铁质器物。2006 年公布为全国重点文物保护单位。

轸（軫）zhěn。1. 车厢底部后面的横木。《周礼·考工记》序："车轸四尺，谓之一等。" 2. 弦乐器上系弦线的小柱。可转动以调节弦的松紧。《魏书·乐志》："中弦须施轸如琴，以轸调声，令与黄钟一管相合。"

轶（軧）dǐ。大车的后部。《说文·车部》："軧，大车后也。" 段玉裁注："大车，以载任器，牝（pìn）负长八尺，谓较也，其后必崇，其阑与三面等，非若小车之后也，故曰軧。軧之言底也。"

轺（軺）yáo。即轺车。轻便之车，后多指奉使者和朝廷急命宣召者所乘的车。（图 94）亦指代使者。汉代画像砖石中多见轺车画像。

图 94　轺车

轼（軾）shì。古代车厢前用作扶手的横木。《左传·庄公十年》："下视其辙，登轼而望之，曰：'可矣。' 遂逐齐师。"

輂jú。【輂车】马驾的大车。甘肃省博物馆收藏一件輂车，輂车前辕后軫，双辕前伸仰曲。两轮高大，各有辐条 12 根，车舆长方形。辕马胸前阴刻铭文。

辂（輅）lù。大车。多指帝王所乘的车子。《尚书·顾命》："大辂在宾阶面，缀辂在阼（zuò）阶面，先辂在左塾之前，次辂在右塾之前。"【卤簿玉辂图】南宋宫廷画师作品。绢本，设色。画卷以工笔重彩的手法，依次绘有伞盖香案、威仪的开道骑兵、导驾的官员等等，描绘了宋代的宫廷仪仗队。现收藏于辽宁省博物馆。

辇（輦）niǎn。古时用人拉或推的车，秦汉后特指君乘所乘的车。【步辇图】唐代阎立本画作。绢本，设色。内容反映的是唐太宗接见来迎娶文成公主的吐蕃使臣禄东赞的情景。现藏于北京故宫博物院。阎立本（601—673），唐代画家。唐代雍州万年（今陕西西安）人。擅长书画，最精形似，作画所取题材相当广泛，如宗教人物、车马、山水，尤其善画人物肖像。作品有《历代帝王图》、《萧翼赚兰亭图》、《职贡图》等。

辋（輞）wǎng。车轮的外框，又名牙。《释名·释车》："辋，罔也，罔罗周轮之外也。"【辋川图】唐代王维画作。绢本，设色，现藏于日本圣福寺。后《辋川图》作为一种题材，历史上有很多人画过，如南宋郭忠恕即曾画过。王维（701—761，一作699—759），唐代诗人、画家。字摩诘，太原祁（今山西祁县）人。以诗、书、画名于世，被人号为"诗佛"。作品有《雪溪图》、《江山雪霁（jì）图》等。

輗ní。古代大车车辕前端与车衡相衔接的部分。《说文·车部》："輗，大车辕耑（duān）持衡者也。"

輨guǎn。包在车毂头上的金属套。《说文·车部》："輨，毂（gǔ）耑（duān）锸（tà）也。"段玉裁注："毂孔之里，以金里之曰釭（gāng）；毂孔之外，以金表之曰輨。輨之言管也。"

辎（輜、輺）zī。【辎车】古代有帷盖的载重车子。既可载物，又可作卧车。（图95）《史记·穰（ráng）侯列传》："穰侯出关，辎车千乘有余。"四川彭县出土有东汉辎车画像砖，现藏于四川博物院。

图95　辎车

辔（轡）pèi。驾驭牲口用的缰绳。《诗经·秦风·小戎》："四牡孔阜，六辔在手。"【辔头】带嚼子的笼头。《乐府诗集·木兰诗》："东市买骏马，西市买鞍鞯，南市买辔头，北市买长鞭。"

辖 xiá。车轴两头的金属键，用以挡住车轮，不使脱落。《释名·释车》："辖，害也，车之禁害也。"商代多为木质，今见最早的青铜车辖出现于西周早期。

辘（轆） lù。【辘轳】利用轮轴原理制成的井上汲水的起重装置。（图96）

图96　辘轳示意图

辌 bú。车伏兔。古代车箱下面钩住车轴的木头，其形如伏兔。《周礼·考工记》序："六尺有六寸之轮，轵（zhǐ）崇三尺又三寸也；加轸（zhěn）与辌焉，四尺也；人长八尺，登下以为节。"

戉 yuè。亦作"钺"。古代兵器，似斧。《说文·戉部》："戉，斧也。"详见110页"钺"条。

戗（戧） qiàng。【戗金】又称沉金、枪金，是一种在漆器上刻划出金色线条、细点的装饰技法。其做法是在推光漆或罩漆完成的漆器上用针或雕刀刻出线条或细点进行纹饰，在刻痕内填金漆，或再贴入金箔、黏敷金粉后轻拍，使其深入凹槽，令刻在漆器上的花纹呈现金色。常州博物馆藏一南宋朱漆戗金莲瓣式人物花卉纹奁（lián），木胎，六出莲瓣筒形，分盖、盘、中、底四层，浅圈足，合口处镶银扣。外髹朱漆，内髹（xiū）黑漆。盖面为戗金仕女消夏图，器壁饰戗金牡丹、莲花、梅花、芙蓉等六组折枝花。盒内朱书"温州新河金念五郎上牢"十字。1978年江苏常州武进区村前蒋

**图97　朱漆戗金莲瓣式
人物花卉纹奁（南宋）**

塘南宋墓出土。(图97)

戚 qī。古代兵器,斧的一种,用于砍杀。呈正方形或长方形,前端为刃部,多呈弧形,后部直角收成两肩,各有一穿。考古所见钺类兵器有大小之别,大者称钺,小者称戚。戚除作为兵器外,也用作舞具。《礼记·明堂位》:"升歌清庙,下管象,朱干玉戚,冕而舞大武,皮弁(biàn)素积,裼(xī)而舞大夏。"

戟 jǐ。亦作"㦸",古代兵器,合戈、矛为一体,略似戈,兼有戈之横击、矛之直刺两种作用。(图98)《诗经·秦风·无衣》:"王于兴师,修我矛戟。"先秦时期多为铜制,汉代以铁制为主。

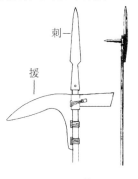

刺

援

图98　戟

戥 děng。【戥子】用以称量微量物品的小型杆秤。最大单位以两计,最小以厘计。中国国家博物馆藏明代万历戥子一件,杆为牙质,悬两毫,砣与盘为白银鎏金,底刻"万历年制"款。头毫开端称重为五两,最大称重砖二十两,分度值为钱;二毫开端为零,末刻为五两,分度值为二分。可称出两以下钱和分的重量,用以称量金银及药品。(图99)

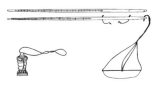

图99　万历戥子

戣 kuí。亦作"鍨",古兵器名,戟属。《说文·戈部》:"戣,周制:侍臣执戣,立于东垂,兵也。"

戩 jiǎn。【牛戩】(生卒年不详),北宋画家。字受禧。河内(今河南沁阳)人,一云修武(今河南修武)人。善画。作品有《芦石鹭鸶(lù sī)》等。

戨 yǎn。长枪。《说文·戈部》:"戨,长枪也。"

斝 hé。【斝尊】又称"何尊"。西周前期青铜酒器。圆口棱方体，长颈，腹微鼓，高圈足。体侧有四道扉棱，角端突出于器表。颈部饰有蚕纹，口沿下饰蕉叶纹。整个尊体以雷纹为底，高浮雕处则为卷角饕餮纹，圈足处亦饰有饕餮纹。器内底铸铭文12行122字，记述成王继承武王遗志，营建东都成周（今河南洛阳），定居“中国”（中土）之事。是目前已知“中国”一词最早的文字记载，具有极高的史料价值。铭文中，“𰀀”为作器者名。该器1963年出土于陕西宝鸡县贾村。现藏宝鸡青铜器博物院。

毕（畢） bì。1. 古代田猎工具，长柄，前端有网，用以捕兽。《庄子·胠箧（qū qiè）篇》：“夫弓、弩、毕、弋机变之知多，则鸟乱于上矣。”2. 古代用以写字的简。《礼记·学记》：“今之教者，呻其佔毕，多其讯，言及于数，进而不顾其安，使人不由其诚，教人不尽其材。”3. 古代丧祭时，用以举肉的木叉。《仪礼·特牲馈食礼》：“宗人执毕先入，当阼阶，南面。”4. 通“韠”，古代朝服上的护膝。《荀子·正论篇》：“治古无肉刑而有象刑，墨黥

（qíng）、慅（cǎo）婴、共、艾毕。”

巩 xiáng。长颈陶罐，多用以盛豉、酱等。（图100）《说文·瓦部》：“巩，似罂，长颈，受十升。”《史记·货殖列传》：“醯（xiān）酱千巩，浆千甔（dān）。”湖南长沙马王堆1号汉墓出土遣策中记有“豉一巩”，系盛豉所用之巩。

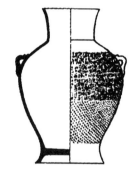

图100　巩

瓯（甌） ōu。1. 盆盂一类的陶器。（图101）《方言》卷五：“自关而西谓之甂（biān），其大者谓之瓯。”2. 陶制打击乐器。唐·段安节《乐府杂录·击瓯》：“武宗朝郭道源……善击瓯，率以邢瓯、越瓯共十二只，旋加减水于其中，以箸击之，其音妙于方响也。”

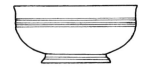

图101　瓯

瓮（甕）wèng。1. 小口大腹的陶制汲水罐。《周易·井卦》九二："井谷射鲋（fù），瓮敝漏。"2. 盛酒浆的坛。《礼记·檀弓上》："宋襄公葬其夫人，醯（xiān）醢（hǎi）百瓮。"3. 大水缸。《抱朴子·喻蔽卷》："四渎之浊，不方瓮水之清。"

瓹 yí。瓮、缶一类的陶器，用以盛调料。《尔雅·释器》："瓯（ōu）瓿（bù）谓之瓹。"河南洛阳烧沟1026号东汉早期墓出土平底陶罐一件，大口、短颈、椭圆形腹，器壁书一"盐"字，考古学家以为即瓹。（图102）

图102　瓹

瓹 pí。古代盛水防火的陶器。《说文·瓦部》："瓹，罌谓之瓹。"同书《缶部》："罌，备火长颈瓶也。"

瓿 bù。古代器名。青铜或陶制。圆口，深腹，圈足。用以盛酒或水。青铜瓿盛行于商代，流行至战国。器形似尊，但较尊矮小。圆体，敛口，广肩，大腹，圈足，或有盖，亦有方形瓿。器身常装饰饕餮、乳钉、云雷等纹饰。肩部有饰兽首者。（图103）

图103　青铜瓿

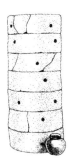

图104　瓹

甃 zhòu。以砖瓦等砌的井壁。代指砖或井。（图104）

瓵 ①chuǎng。用来清除污垢的瓦石。《说文·瓦部》："瓵，瑳（cuō）垢瓦石。"②shuǎng。未烧透的瓦器。《玉篇·瓦部》："瓵，半瓦也。"

瓽 cóng。瓮一类的陶器。《方言》卷五："瓽，罂（yīng）也。江湘之间谓之瓽。"

甓 piè。古时盛茶、酒的陶制扁形器皿。

甒 wǔ。陶制容器，多用以盛酒。《礼记·丧大记》："棺椁之间，君容柷（zhù），大夫容壸，士容甒。"

甑 zèng。古代炊器。其底有孔，古用陶制，商周时期或用青铜制，后多用木制。俗称甑子。分上下两部分，下部为釜，上部为盆。盆底有若干小孔，称为箅（bì）。【甑皮岩遗址】新石器时代遗址。位于广西壮族自治区桂林市。2001年公布为第五批全国重点文物保护单位。甑皮岩文化是新石器时代早期文化，年代约为公元前10000—前5000年。遗址为洞穴，文化遗存主要有陶器、磨制石器、蚌器、骨角器等。是华南地区新石器时代早期代表性的遗址。

甓 pì。砖。《诗经·陈风·防有鹊巢》："中唐有甓，邛（qióng）有旨鹝（yì）。"古又称"瓴（líng）甓"。

罂 yīng。小口大腹的容器，多为陶制，亦有木制者。《方言》卷五："自关而东，赵、魏之郊谓之瓮，或谓之罂。"新疆吐鲁番晋至南北朝中期的墓葬中曾出土陶罂一件，通体呈卵圆形，圆腹、平底。自名为"罂"。【菹（zū）罂】用以腌制泡菜的陶器。其基本特征为：束颈，溜肩，鼓腹斜内收，平底。器口有双领，注水其间，加盖后能隔绝

图105　菹罂

空气。(图 105) 最早出自汉代墓葬，魏晋唐宋遗物中屡有出土，均为陶制品，至今亦然。

甗 yǎn。商代至战国时期炊器。以青铜或陶为之。分上下两部分，上如甑，下如鬲，中间或有穿孔之算 (bì)，用以蒸熟食物，类似今之蒸锅。外形上大下小。有上下联体的，也有上下分体的。(图 106) 《说文·瓦部》："甗，甑也，一曰穿也。"

图 106　甗

忝 tiǎn。【韦无忝】(生卒年不详)，唐代画家。京兆(今陕西西安)人。唐玄宗时以画鞍马、异兽独擅其名。作品有《习马图》、《散马图》等。

甼 xuān。【甼勺】商代后期青铜用具。直口，圆腹，圜底，腹侧有一柄。柄中空，呈半圆筒状，其近勺端处上下穿孔，另一端铸铭文"甼"字，为作器者的族名。该器现藏北京故宫博物院。(图 107)

图 107　甼勺 (商代后期)

曶 hū。【曶鼎】西周中期青铜食器。原器已佚，今仅存铭文约 380 字的拓片 (原器铭文约 407 字，拓本下缘残泐)，记录了周王对作器者曶的册命，及曶与其他贵族进行奴隶交易和诉讼之事。据传为清代中叶陕西周原出土，款足作牛首形。

旻 mín。【郑旻】(1607—1683)，清初画家。字慕倩、穆倩，号遗甦 (sū)、雪痕后人。安徽歙 (shè) 县人。工诗文，善画山水。作品有《雨气真寂图》、《林泉小亭图》、《溪山泛舟图》等。

炅 jiǒng。【赵炅】即宋太宗。本名赵匡义，后因避其兄宋太祖讳改名赵光义，即位后改名炅。宋淳化三年（992），太宗赵炅令出内府所藏历代墨迹，命翰林侍书王著编次摹勒上石于禁内，名《淳化阁帖》。此帖又名《淳化秘阁法帖》，共十卷，收录了中国先秦至隋唐一千多年的书法墨迹，被后世誉为中国法帖之冠和"丛帖始祖"，简称《阁帖》。

昶 chǎng。【张昶】（？—206），东汉书法家。字文舒，敦煌酒泉（今甘肃酒泉）人。书法家张芝之弟。善章草，极工隶书。时人谓之"亚圣"（其兄张芝为"草圣"）。作品有《华岳庙碑》等。【夏昶】（1388—1470），明代画家。字仲昭，号自在居士，又号玉峰。昆山（今江苏昆山）人。擅画墨竹，师法王绂（fú），笔法劲利挺拔，时有"夏卿一个竹，西凉十锭金"之谚。作品有《湘江风雨图卷》、《淇园春雨图》等。

炅 chǎng。同"昶"。《字汇补·日部》："炅，与昶同。""夏炅"即"夏昶"，

明代画家，详见本页"昶"条"夏昶"。

晟 shèng。【李晟碑】唐代碑刻。全称《唐故太尉兼中书令西平郡王赠太师李公神道碑铭并序》，裴度撰文，柳公权楷书、篆额。唐大和三年（829）四月六日刻。楷书，34行，行61字，碑文已多漫漶。此碑原位于陕西西安高陵县榆楚乡马北村东渭桥北李晟墓西北200米处，后迁至高陵县文化馆。李晟（727—793），唐朝名将。字良器。洮州临潭（今甘肃临潭）人。德宗时朱泚（cǐ）作乱，李晟率兵平叛，在东渭桥畔与朱泚激战获胜，收复京城。

晊 zhì。【白义晊】（生卒年不详），唐代书法家。工隶书。其书迹可见于《乞速孤行俨碑》，该碑现存于陕西昭陵博物馆，为刘宪撰文，白义晊书写，徐元礼镌刻。

晷 guǐ。日晷。测度日影以确定时刻的仪器，由晷盘晷针组成。《晋书·鲁胜传》："以冬至之后立晷测影，准度日月星。"亦指兼测日月星等天象的仪器。

晏 huǎn。【罗惇晏】(1874—1954),现代书法家。号敷庵、复闇、复堪,又号悉檀居士,别署羯蒙老人、凤岭诗人。广东顺德人。康有为弟子。工书法,尤擅章草,有"现代章草第一人"之誉。作品有《章草〈庄子·刻意篇〉》等。

曜 yào。【薛曜】(生卒年不详),唐代书法家。字异华。蒲州汾阴(今山西万荣)人。书学褚遂良,瘦硬有神,用笔细劲,结体疏朗,后世誉为"宋徽宗瘦金体之祖"。作品有《夏日游石淙诗并序》,为"石淙河摩崖题记"之一。

贠 yùn。古同"员",姓。【贠家大院】清代建筑群。始建于清代中叶道光年间,由门房、腰房、后花园三部分组成,属清代典型的"三进"式民居建筑。位于河南灵宝市豫灵镇底董村,是河南省内现存不多的清代典型民居。2006年公布为第四批河南省文物保护单位。

贲 bēn。【徐贲】(1335—1393),明初画家、诗人。字幼文,号北郭生。祖籍四川。擅画山水,亦精墨竹,时称"明初十才子"之一。作品有《秋林草亭图》、《蜀山图》、《北郭集》等。
【贲巴壶】壶式之一,由藏族金属制品演变而来,流行于清代。壶呈塔形,口、流均有盖,分别与器身组成塔形。"贲巴"为藏语"瓶"字音译,原系藏族宗教活动中为神像和信徒本人沐浴时用的净水瓶,多为金、银、铜质。北京故宫博物院藏一清代斗彩璎(yīng)珞(luò)纹贲巴壶。壶直口,曲流,圆鼓腹,下承覆钵形托,圈足,足底沿外撇。通体以白色乳钉纹为界将纹饰分为不同的单元,用斗彩绘莲瓣纹、如意云纹、火云纹等,腹部兽面璎珞纹为主题图案。(图108)【贲贲淖遗址】新石器时代遗址。位于河北省张家口大青沟镇贲贲淖村,占地面积150万平方米,是张家口坝上地区最早发现的新石器时代细石器遗址。现已发现仰韶文化时期的彩陶、类蚌红陶、泥质红陶,是草原细石器文化的典型代表。1993年公布为河北省文物保护单位。

图 108　斗彩璎珞纹贲巴壶（清代）

眖（眖）kuàng。【丁眖】（生卒年不详），宋代画家。濠梁（今安徽凤阳）人。善画花竹翎毛。北宋熙宁（1068—1077）初，奉诏与崔白、艾宣、葛守昌共画《垂拱御厬（yǐ）夹竹海棠鹤图》。参见 96 页"厬"条"垂拱御厬夹竹海棠鹤图"。

赘 zhì。【陆赘】（754—805），唐代文学家。字敬舆。苏州嘉兴（今属浙江）人。善书。作品有《贺兰夫人墓志》。

赉 lài。【扎赉诺尔墓群】东汉墓葬群。位于内蒙古自治区满洲里市扎赉诺尔矿区以南。该墓地为东汉初年拓跋鲜卑部落从大兴安岭东南麓迁徙至扎赉诺尔地区所留下来的，先后发掘出土了大量珍贵文物，是反映东汉时期鲜卑部落政治、经济、军事、文化、生活习俗等方面的珍贵实物资料。2006 年公布为国家重点文物保护单位。

赑 bì。传说中的动物。详见 45 页"屃（xì）"条"赑屃"。

贕 fǔ。即"府"字。【大贕卧牛】战国后期陈设器。牛脊和股部丰圆，头颈回伸，前膝双跪，后腿屈于腹下，眼、眉、鼻、耳、角均有错银纹饰，周身及前后蹄嵌舒展和卷曲的流云纹。牛身以脊背为中线，纹饰互相对称。腹下铸铭文 4 字，其中"大贕"为王室掌管财币货藏的机构，是王室府库的官长，掌管四方向王室进贡的"货贿"，同时在王进行赏赐时负责从府库中搬取、清点赏赐品。此器当是楚国大府所藏专供王室使用的器物。1958 年安徽寿县出土，现藏于中国国家博物馆。（图 109）

图 109　大骹卧牛（战国后期）

爨 xuàn。【窨爨碑】隋代碑刻。详见 42 页"窨"条"窨爨碑"。

觇（覘） chān。【丁觇】南朝书法家。荆州洪亭（今属湖北）人。工草隶。梁元帝（504—558）镇荆州时，宫内书写之事皆出其手。与善草书的智永合称"丁真永草"。

觊（覬） jì。【刘觊买地券】南朝齐陶质买地券。永明三年（485）刻。券身刻楷书 21 行，满行 19—21 字不等。上刻划以星图为主，文字为辅券的道教刻符。1953 年出土于湖北武汉市。买地券亦称冥契、幽契、墓别、地券。源于西汉，盛于东汉，唐宋以降传布于南北各地，系由买地契约演变而来，东汉中期以后具有鲜明的道教文化特征，是一种迷信厌胜物品，为死者在阴间宅地的凭证。从汉代到明清，历代皆有，用材因时代有所不同，券文刻写或笔写于砖、铁、铅、石质物上，以便久存。

觎（覦） dí。【王觎】（1036—1103），宋代名臣。字明叟。泰州如皋人（今属江苏）。有书法作品传世。作品有《平江酒毛帖》等。

铿 kēng。【邾公铿钟】春秋后期青铜乐器。长腔有干有旋式。甬钟封衡，上端略细，旋饰乳钉纹，干饰弦纹，舞部饰雷纹，篆间饰变形蟠龙纹，于口曲度较浅，鼓部饰龙纹。传世共四件。其中第二件藏南京博物院，第三件藏上海博物馆（图 110）。四器所铸铭文完全相同，残泐（lè）之处互相补足可得 57 字。其中"邾公铿"为邾宣公之名。邾，古国名，金文作"鼄"，故址在今山东邹城市附近。文献中又称之为"邹"或"邾

图 110　邾公铿钟（春秋后期）

娄"。参见 13 页"邿"条。

犍 qián。【犍为文庙】明清建筑。位于四川省乐山市犍为县玉津镇。始建于北宋，重建于明代洪武四年（1371），迄今已有 600 多年历史。犍为文庙兼有南北建筑风格，具有较高的历史价值、艺术价值、科学价值。2006 年被公布为国家重点文物保护单位。

犥 fǔ。【犥蘄（huān）戟】战国中晚期兵器。援狭长，内部有刃，尾端如刀形。胡上有三穿，内一横穿。胡上有 4 字铭文，字为反书，其中"犥蘄"为作器者名。该器 1991 年出土于山东平阴县洪范镇。

毳 cuì。【毳簠】西周晚期青铜食器。同出者共四件，形制相同。体呈圆形，侈口，折沿，鼓腹，有二附耳，有盖，盖顶有圆形提手，圈足下附三矮足。器颈与盖沿各饰一周窃曲纹带，腹与盖面均饰直道纹，圈足上饰粗弦纹一道。器、盖对铭 3 行 16 字，四器铭文全同，其中"毳"为作器者名。四器均出土于河南洛阳。北京故宫博物院与台北故宫博物院现各藏两件。

簠 lǔ。见本页"毷"条"毷毷"。

毷 pǔ。【毷毷】西北少数民族手工生产的羊毛织品。可以做床毯、衣服等。（图 111）明·汤显祖《紫钗记》："俺帽结朝霞，袍穿毷毷，剑弹金缕。"

图 111　毷毷

毷 qú。同"氍"，详见本页"氍"条"黄法氍墓志"。

氍 qú。氍毹（yú），一种毛织或毛与其他材料混织的毯子，可用作地毯、壁毯、床毯、帘幕等。《说文·毛部》："氍……毡緂（tián）之属，盖方言也。"【黄法氍墓志】南朝碑刻。江总撰文，顾野王撰铭，谢众书写。志石残泐过甚，今存字 40 行，行 34 字。1989 年出土于江苏南京南郊雨花区西善桥镇南朝砖室墓。黄法氍（518—576），亦作黄法毷，南朝军事将领。

字仲昭。巴山新建（今江西乐安）人。

矹 wù。【无矹鼎】商代青铜食器。直耳，圆腹，三直足，略有分裆。器身饰兽面纹，足饰垂叶纹。鼎内壁铸铭文 3 行 11 字，其中"无矹"为作器者名。1969 年上海征集。现藏上海博物馆。

敔 yǔ。又称楬（qià），古乐器名。形如伏虎，雅乐将终时击以止乐。（图 112）

图 112　敔

《尚书·益稷》："下管鼗（táo）鼓，合止柷（zhù）敔，笙镛以间。"【张敔】（1734—1803），清代书画家。字虎人，又字茝（chǎi）园，一字芷园，亦作芷沅，号雪鸿，又号木者（一作木香），晚号止止道人。先世安徽桐城人，迁江宁（今江苏南京），籍山东历城。善画山水、人物、花卉、禽虫，白描设色，无不工妙。作品有《墨蕉图》、《墨梅图》

等。【攻敔王光剑】春秋后期青铜兵器。通体长 50 厘米，茎为圆柱形，有二道环棱形箍。剑身有脊，近腊处有错金字 2 行 12 字，其中"攻敔"为吴国自号，文献多作"勾吴"或"句吴"，故地在今苏皖两省长江以南地区，极盛时据有苏皖两省全境及赣东北部分地区。"光"为攻敔王私名，据考证当为文献所见之吴王阖闾。该器 1972 年出土于安徽南陵县三里乡。现藏安徽博物院。【敔簋】西周中期青铜食器。原器已佚，今仅存铭文 13 行 140 字的拓片，记录了作器者敔抵御南淮夷入侵有功，受周王赏赐之事，是反映西周时期军政大事的重要铜器。

敦 duì。古器物名，多用作食器。可见陶质和青铜质。青铜器中自名与敦同音者器形有两类。第一类为器盖相合为圜形，盖多可翻转使用，始见于春秋中期，流行至战国。第二类器平底，或底微圜近平，腹壁圆曲，盖平顶，器盖相合为扁体。同形之器在汉、淮地区或称为盆，流行于春秋战国时期。（图 113）《礼记·内则》："敦牟卮（zhī）

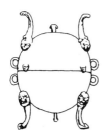

图113　敦

匜"，郑玄注："敦、牟，黍稷器也。"金文敦字作"鐇"。【陈侯午敦】战国中期青铜食器。体呈半球形，二环形耳，三环足，盖有三环钮，器盖合成球形。器内底有划线界隔的铭文8行36字，其中"陈侯午"为田齐桓公之名，其先世为陈国公子，后因动乱出奔齐国，子孙逐渐取得齐国政权。此器现藏中国国家博物馆。（图114）

图114　陈侯午敦（战国中期）

牍（牘） dú。1. 古代写字用的木板。《说文·片部》："牍，书版也。"2. 古代乐器名。

斨 qiāng。斧的一种。古代指装柄的孔为方形者。（图115）《诗经·豳风·七月》："蚕月条桑，取彼斧斨，以伐远扬，猗彼女桑。"

图115　斨

斸（劚） zhú。锄头。《说文·斤部》："斸，斫（qú）斸也。"《国语·齐语》："美金以铸剑戟，试诸狗马；恶金以铸锄夷斤斸，试诸壤土。"

爰 yuán。【张爰】张大千的名。张大千（1899—1983），现代著名书画家。原名正权，后改名爰，字季爰；曾出家为僧，法号大千，故世人称之为"大千居士"，别号下里巴人。斋名大风堂。四川内江人。传说其母在其降生之前，夜里梦一位老翁送一只小猿入宅，所以在他二十一岁的时候，改名猨，又名爰、季爰。张大千是 20 世纪中国画坛最具传奇色彩的国画大师，绘画、书法、篆刻、诗词俱精，特别在山水画方面卓有成就。作品有《爱痕湖》、《长江万里图》、《四屏大荷花》、《八屏西园雅集》等。

鬵 chēng。【仲鬵父簠】西周晚期青铜食器。盖顶隆起，圈形捉手。子母口，圆鼓腹，兽首双耳有珥，圈足有宽边和兽首小足。捉手内饰蟠龙纹，盖缘和口缘饰兽目交连纹，盖顶和器腹饰横瓦棱纹，圈足饰鳞纹。盖内和器底铸相同的铭文 4 行 44 字。1981 年河南南阳北郊出土，现藏于河南南阳市博物馆。（图 116）

【郢鬵】楚国金币名。参见 14 页"郢"条"郢鬵"。

图 116　仲鬵父簠（西周晚期）

爵 jué。酒器名。其定名始于宋代，主要特征为：深筒状腹，口缘前有流，后有尖状尾，流上近于口缘处或流侧口缘上有双柱，器腹一侧有鋬，腹底有三个尖而高的足。最早见于二里头文化，通行至西周，西周中期以后基本不见。（图 117）

图 117　爵

釜（鬴） fǔ。1. 古代炊器，敛口，圆底，或有二耳。其用如鬲，置于灶口，上置甑以蒸煮。早期多为陶、铜质，后出现铁制的。（图 118）《诗经·召南·采苹》："于以盛之？维筐及筥（jǔ）。于以湘之？维锜（yí）及釜。" 2. 古量器。也叫"鬴（fǔ）"。春秋、战国时代流行于齐国。现存有战国时的子禾子釜和陈纯釜，都作坛形，小口大腹，有两耳。

图118　釜

舡 gǔ。【吴王舡发剑】春秋时期青铜兵器。柳叶形剑身，中起脊，断面呈扁菱形。斜从，前锷收狭，菱形窄格，圆茎，茎首呈喇叭形。剑身后半部铸铭文2行24字。舡发，指吴王寿梦之子诸樊。该剑1985年出土于山西省榆社县。

胄 zhòu。亦称"兜鍪(móu)"，即头盔。古代作战时战士用以护头。圆帽形，顶端有可插缨饰的管，左右及后部向下伸展，可以保护头顶、面侧及颈部。商周时代为铜制，战国以后多为铁制。(图119)

图119　胄

脰 dòu。【奉脰炉】战国后期取暖用具。长方形，口略大于底，直壁，平底，四蹄足。器两端附环链，四足上方口沿处附有突起的垂直插眼。腹壁饰菱纹。口部有铭文7字。1933年出土于安徽寿县，现藏于安徽省博物馆。

縢 shèng。织布机上用来确定经纱密度、保持经纱位置的机件。(图120)

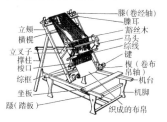

图120　织布机示意图

臘 liè。剑的两面刃。《周礼·考工记·桃氏》："桃氏为剑。臘广二寸有半寸，两从半之。"

歙 shè。【歙砚】中国四大名砚之一。因产于古歙州（包括今江西婺源、安徽歙县、黟县、休宁等地），故名。其中尤以江西婺源龙尾山下溪涧中之石材最优，故歙砚又称龙尾砚。歙砚生产始于唐代，南唐时形成一定规模。具有石质坚韧、润密，纹理美丽，敲击清越有声，贮水不耗，历寒不冰，呵气可研，发墨如油，不伤毫等特点。安徽博物馆现藏唐代箕形歙砚一件，色呈青绿，上窄下宽，三面口沿上翘成砚边，形如簸箕。砚背近箕口处有二小方足，砚面呈上低下高之状。该器 1976 年出土于安徽合肥市唐开成五年（840）墓。

飏（颺） yáng。【元飏墓志】北魏墓志铭。刻于延昌三年（514）。元飏，字遗兴，生于皇兴四年（470），卒于延昌三年（514）。为北魏王室嫡裔，然《魏书》无载。该墓志为其生平记载的唯一史料，可补《魏书》之缺，且书法成就颇高，是北魏前期书法风格的代表。【飏扇】古扬谷器。扬除糠秕的一种风力机械。元·王祯《农书·杵臼门》："飏扇，《集韵》云：'飏，风飞也。'扬谷器。"

殳 shū。古代兵器。长柄，以竹或木制成，顶端装有圆筒形金属，无刃。亦有装金属刺球，顶端带矛的。亦作"杸"。（图 121）《说文·殳部》："殳，以杖殊人也。"

《释名·释兵》："殳矛。殳，殊也，长丈二尺而无刃。"

图 121　殳

毂（轂） gǔ。车轮中心的圆木，四周与车辐相接，中有圆孔，可以插轴。《老子》："三十辐共一毂，当其无，有车之用。"

榖 gǔ。【钱榖】（1508—1578），明代画家。字叔宝，号韽室。吴县（今江苏苏州）人。作品有《竹亭对棋图》、《求志园图》、《虎丘图》等。

韽 xiāo。古乐器名。即大磬。《尔雅·释乐》："大磬谓之韽。"

斒 bān。颜色驳杂，灿烂多彩。【秋色斒斓（lán）图】清代吴昌硕画作。立轴，纸本，设色。吴昌硕（1844—1927），晚清画家、书法家、篆刻家，为"后海派"中的代表，是杭州西泠（líng）印社首任社长。与虚谷、蒲华、任伯年并称"清末海派四杰"。初名俊，又名俊卿，字昌硕，又署仓石、苍石，多别号，常见者有仓硕、老苍、老缶、苦铁、大聋、石尊者等。孝丰（今浙江安吉）人。作品有《瓜果》、《灯下观书》、《姑苏丝画图》等。

斿 ①liú。1. 古代旌旗下垂的飘带等饰物。《周礼·春官·巾车》："建太常十有二斿。"郑玄注："太常，九旗之画日月者，正幅为縿，斿则属焉。"南朝·颜延之《车驾幸京口三月三日侍游曲阿后湖作》诗："雕云丽琁盖，祥飙被彩斿。"2. 泛指旌旗。3. 冕前后悬垂的玉串，即冕旒（liú）。②yóu。游，遨游。《汉书·礼乐志》："泛泛滇滇从高斿，殷勤此路胪（lú）所求。"【曾仲斿父铺】春秋早期青铜食器。直口，口沿外折，方唇，浅腹，直壁与盘底成直角，平底，柄较矮，喇叭形圈座。盘腹饰窃曲纹，足镂孔作波纹，其间填以眉形及口

图122　曾仲斿父铺（春秋早期）

形纹样。盘内铸铭文8字，其中"斿父"为作器者名，乃曾侯之次子。曾，国名，故址在今河南南阳方城一带。该器1969年出土于湖北京山苏家垅。现藏湖北省博物馆。（图122）

旆（斾） pèi。1. 古代旐（zhào）末状如燕尾的垂旒（liú）。《说文·㫃部》："旆，继旐之旗也，沛然而垂。"《诗经·小雅·六月》："织文鸟章，白旆央央。"2. 泛指旌旗。《诗经·商颂·长发》："武王载旆，有虔秉钺。"【旆钱】亦称"旆布"。战国中晚期楚国铸币，为长条状双足似燕尾垂挂的大钱。平首呈倒梯形，上有大孔。平肩，长身，束腰，方足，方裆。（图123）

图123　旆钱（战国）

旄 máo。古代用牦牛尾做竿饰的旗子。（图124）

《诗经·鄘风·干旄》："孑孑干旄，在浚之郊。"

图 124　旄

旂 qí。【师旂鼎】西周早中期青铜食器。圆体，平沿外折，立耳，束颈，垂腹，平底，下接三柱足。腹部饰长尾垂冠鸟纹。器内壁铸铭文 8 行 79 字，记述器主师旂因属下不愿从王征伐方雷，伯懋（mào）父命师旂众仆纳罚于师旂之事，反映了西周早中期的军法制度，具有极高的史料价值。该器现藏北京故宫博物院。

旃 zhān。古代一种赤色曲柄的旗。【务旃】戴本孝的字。戴本孝（1621—?），明末清初画家。字务旃，号前休子、鹰阿山樵。和州（今安徽和县）人，一作休宁人。作品有《望天都峰》、《炼丹台》、《登莲花峰》等。

旎 shǐ。【元年师旎簋】西周中期青铜食器。同出者共 4 件，形制、纹饰、铭文、大小相同。弇口鼓腹，圈足下有象鼻形足，两耳饰浮雕虎头。盖与器子母合口，上饰兽面纹及瓦棱纹。器、盖内铸铭文 99 字，记述元年四月某日，周王对师旎所作赐命，并加以赏赐之事。该器 1961 年出土于陕西长安张家坡。现藏陕西历史博物馆。

旌 jīng。古代用羽毛装饰的旗子。又指普通的旗子。【旌介遗址】是一处以商代文化为主的新石器时代至汉代文化遗址。位于山西省灵石县绵山南麓旌介村以西。遗址内发现仰韶、龙山文化和东周遗存，并广泛分布有商至汉代的墓葬。该遗址有两座商墓，出土青铜器多铸有"亚羌"铭文，当是一种族徽符号。对于研究商代晚期与商文化共存的北方方国的文化面貌具有重要意义。1996 年公布为全国重点文物保护单位。

旐 zhào。1. 古代画有龟蛇图像的旗。《说文·㫃部》："旐，龟蛇四游，以象营室，游游而长。" 2. 魂幡，出丧时为棺柩引路的旗。

旛（旙） fān。长幅下垂的旗。亦泛指旌旗。

后作"幡"。《说文·㫃部》："旜，幅胡也。"

旞 suì。古代导车所载旗杆上系有完整五彩鸟羽为装饰物的旗。《说文·㫃部》："旞，导车所以载，全羽以为允。允，进也。"《周礼·春官·司常》："日月为常，交龙为旂（qí），通帛为旜（zhān），杂帛为物，熊虎为旗，鸟隼为旟（yú），龟蛇为旐（zhào），全羽为旞（suì），析羽为旌（jīng）。"

旜 kuài。1. 古代作战时用的一种令旗。《左传·桓公五年》："战于繻（xū）葛，命二拒曰：'旜动而鼓。'" 2. 古代作战时用的一种发石器械。《说文·㫃部》："旜，建大木，置石其上，发以机，以追敌也。"

炗 guāng。光的异体字。【唐炗】（1626—1690），清代画家。字于光、子晋，又字匹士。江苏常州人。擅绘荷花，作品有《凤池翠荷》等。

烓 wēi。一种可移动的炉子，形同今之风炉。有的是三足支撑而成的支架，上可承釜。（图125）《说文·火部》："烓，行灶也。"

图 125　烓

焯 zhuō。【何焯】（1661—1722），清代书法家。字润千，后改字屺（qǐ）瞻，号义门，一号茶仙，又号香案小吏。长洲（今江苏苏州）人。善书法，喜临摹晋、唐法帖，所作真、行书，多入能品，时人以为可与晋、唐书家相媲美。与笪（dá）重光、姜宸（chén）英、汪士鋐（hóng）并称康熙年间"帖学四大家"。

熺 xī。同"熹"。【添熺图】清代周璕（xún）画作。卷轴，绢本。周璕（164—1729），字昆来，号嵩山。上元（今江苏南京）人。擅画人物、花卉及龙马，而画龙尤妙。传世作品有《进酒图》。

燧 suì。1. 古代取火用具。俗称火镜，一种青铜凹面镜，用以向日取火。《周礼·考工记·辀（zhōu）人》："金有六齐：六分其金而锡居一，谓之钟鼎之齐 …… 金锡半，谓之鉴燧之齐。" 2. 古代取火用具。木燧，按季节用不同的木料制成，钻以取火。

【虎鸟蟠虺纹阳燧】春秋早期青铜取火用具。圆形，似镜，表面略凹，便于取火。背有一高鼻钮，周围有两虎、两鸟相对环绕，外侧饰蟠虺纹一周。该器 1957 年出土于河南三门峡上村岭虢国墓地。现藏中国国家博物馆。（图 126）

图 126　虎鸟蟠虺纹阳燧
（春秋早期）

燧 suì。【燧公盨】又名"豳（bīn）公盨"或"燹（xiǎn）公盨"。西周中期青铜食器。椭方形，直口，圈足，腹微鼓，兽首双耳，耳圈内似原衔有圆环，今已失，圈足正中有尖扩弧形缺，失盖。口沿下饰鸟纹，腹饰瓦纹。器内底铸铭文 10 行 98 字。作器者为西周燧国国君。铭文里有

关于大禹治水的记载，是目前已知最早的关于大禹的文字记录，具有极高的史料价值。该器现藏于北京保利艺术博物馆。（图 127）

图 127　燧公盨（西周中期）

爝 jué。【爝南】杜董的字。详见 23 页"董"条"杜董"。

爨 cuàn。古族群名。由魏晋、南北朝时期南中占统治地位的建宁（今云南省曲靖地区）大姓爨氏集团演变而来，后分成东爨、西爨两部，均在今云南省东部。【爨龙颜碑】南朝碑刻。全称《宋故龙骧将军护镇蛮校尉宁州刺史邛（qióng）都县侯爨使君之碑》，始刻于刘宋孝武帝大明二年（458）。是现存晋宋间云南最珍贵的碑刻之一。圆首长方形，碑额雕刻龙纹。碑文追溯了爨氏家族的历史，并记述爨龙颜生平事迹。除碑阴题名外，仅碑阳即存文 900 余

字，俗称"大爨碑"。位于云南省陆良县，1961 年公布为全国重点文物保护单位。【爨宝子碑】东晋碑刻。全称《晋故振威将军建宁太守爨府君墓碑》。碑首为半圆形，整碑呈长方形。此碑的书法在隶楷之间，体现了隶书向楷书过渡的一种风格，为汉字的演变和书法研究提供了宝贵资料，其书法地位极高。碑文计 13 行，每行 30 字。碑尾有题名 13 行，每行 4 字，额 15 字，均正书。俗称"小爨碑"。乾隆四十三年（1778）出土于云南省曲靖县扬旗田村，1852 年移置曲靖城内，现存于曲靖一中爨轩内爨碑亭。该亭 1961 年公布为全国重点文物保护单位。【爨底下村古建筑群】清代建筑，又名"古迹山庄"。位于北京市门头沟区。距今已有 400 多年历史。现仍保存有 500 间 70 余套明清时代的四合院民居。是我国保留较完整的山村古建筑群之一。2006 年公布为全国重点文物保护单位。

斛 hú。古代文献记载中的一种量器（图 128），亦是容量单位。《庄子·胠（qū）箧（qiè）篇》："为之

斗斛以量之，则并与斗斛而窃之。"

图 128　斛

斝（斚） jiǎ。古代酒器。由新石器时代陶斝发展而成，盛行于商代晚期至西周中期，多为青铜质。用于盛酒或温酒。形制似爵，三足，二柱，一鋬，圆口，平底或稍凸，无流无尾。亦有少数方体圆角，下带四足的有盖斝。还有的腹部分裆，形状像鬲。（图 129）《说文·斗部》："斝，玉爵也。夏曰琖，殷曰斝，周曰爵。"

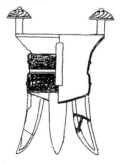

图 129　斝

戽 hù。【戽斗】一种取水灌田用的旧式农具。用

竹篾、藤条等编成，略似斗，两边有绳，使用时两人对站，拉绳汲水。亦有中间装把供一人使用的。

扃 jiōng。1. 贯穿鼎上两耳的横木。《仪礼·公食大夫礼》："甸人陈鼎七，当门，南面西上，设扃鼏（mì），鼏若束若编。"2. 古代兵车上用以搁置兵器或固定旗子的横木。《左传·宣公十二年》："晋人或以广队不能进，楚人惎（jì）之脱扃，少进，马还，又惎之拔旆（pèi）投衡，乃出。"

宸 yí。古代宫殿内门与窗户之间的大屏风，借指君位。因亦为臣下对君上的敬称。【垂拱御宸夹竹海棠鹤图】宋代丁贶（kuàng）、崔白、艾宣、葛守昌等四人合作的画作。"丁贶"参见83页"贶"条。【屏宸】古代大床常在一侧设屏，背后设宸，合称"屏宸"，后泛指屏风。（图130）

图130　屏宸

祆 xiān。【祆教】中国隋唐时期比较流行的宗教之一。产生于公元前6世纪的西亚地区，称为"琐罗亚斯德教"，一度成为萨珊波斯、大夏和粟特城邦的主要宗教，在伊朗及中亚各地广为流行。至少在魏晋时期，它就传入中国。南宋以后，很少见诸典籍，并在我国内地基本绝迹。祆教由于崇拜火，又称火祆教、拜火教。【祆神楼】清代建筑。位于山西省介休市顺城关正街东隅。祆神楼始建于北宋，现存为清代建筑。是原祆神庙的组成部分，楼因庙而得名，是一座门楼、乐楼与过街楼相接合的楼阁式建筑。三重檐十字歇山顶结构，精美琉璃铺顶，檐下木雕奇特。1996年公布为全国重点文物保护单位。

祜 hù。【祜国寺塔】北宋建筑。位于河南省开封市。始建于宋皇祐元年（1049）。塔上外壁为褐色琉璃砖，近似铁色，故俗称铁塔。塔高55.08米，为六角十三级仿楼阁式。塔外壁琉璃花纹砖图案繁多，有飞天、坐佛、菩萨、僧人、伎乐、龙、麒麟、狮、花卉等50多个。八面转角处砌倚柱，塔身底层四面各辟一圭形门，塔心室内为叠涩拱形尖顶。塔身层层开窗，一层南、二层西、三层北、四层东，依次上推为明窗，其余皆是假窗。塔身各层檐下置砖雕斗拱，塔顶为一莲座，上置铜质宝瓶。该塔在宋代和明清时期多次维修，因屡经黄水淹没，塔底座埋于地下。1938年遭侵华日军炮击，塔身第四至十三层严重损毁。建国后进行大规模维修，恢复了铁塔原貌。1961 年公布为全国重点文物保护单位。【张祐庄园】清代建筑。位于河南省巩义市。始建于清朝末年，共有院落 13 处、楼房 80 余间、窑洞 30 余孔。2006 年公布为河南省文物保护单位。

禔 zhī。【王禔】（1878—1960），现代书法家、画家、篆刻家。初名寿祺（qí），字维季，号福庵，又号屈瓠，别署名罗刹江民，斋名麋研斋。西泠（líng）印社创社"四君子"之一。杭州（今浙江杭州）人。作品有《篆书节九歌》、《说文部首拾异》、《麋研斋作篆通假》、《福庵藏印》等。

禛 zhēn。【王士禛】（1634—1711），清代著名文学家、诗人。一名士祯（zhēn），字贻上，号阮亭，自号渔洋山人。新城（今山东桓台）人。作品有《题秋江独钓图》等。

念 yù。【鲁伯念盨】西周晚期青铜食器。椭方形，弇口鼓腹，兽首双耳，圈足四边均有长方形缺口。盖两侧四钮略作矩形，中部又有一虎形钮。口缘、盖缘和圈足均饰兽体卷曲纹，腹和盖又饰瓦棱纹。盖上四钮则为变形龙纹。盖内和器底铸相同的铭文 6 行 37 字，表明其为鲁伯念为其父其母所作祭器。1978 年山东曲阜鲁国故城望父台墓地 30 号出土，现藏于山东省曲阜市文物管理委员会。

窓（愙） kè。【窓斋】吴大澂（chéng）的斋号。吴大澂（1835—1902），清代学者、金石学家、书画家。字清卿，号恒轩，晚年号窓斋。吴县（今江苏苏州）人。善画山水、花卉，书法精于篆书。作品有《窓斋诗文集》、《窓斋集古录》、《古玉图考》等。

懋 mào。【王世懋】（1536—1588），明代画家。字敬

美，别号麟州，又号损斋。江苏太仓（今昆山县）人。作品有《跋赵佶〈雪江归棹图〉》等。【盛懋】（生卒年不详），元代画家。字子昭。临安（今浙江杭州）人。传世作品有《秋林高士图》、《秋江待渡图》、《松石图》等。

殇（殤）　shāng。【国殇墓园】1945 年建成的抗战阵亡将士墓园。位于云南省腾冲县城西南 1 公里处。该墓园是为纪念抗日战争时期中国远征军第二十集团军攻克腾冲战斗中阵亡将士而建，是目前中国规模最大、保存最完整的抗战时期正面战场阵亡将士纪念陵园。1996 年公布为全国重点文物保护单位。

矴　dìng。【仕水矴步】清代建筑。位于浙江省泰顺县。始建于清乾隆六十年（1795），清嘉庆二十五年（1820）重建。南北走向，横跨仕水溪。该桥全长 130 米，为双行矴步，有石磴 223 步，每步石磴由两块较平整的条石砌成，平行分高低两级，每步相距 0.6 米，可供二人平行通过。矴步上下游河床深埋木桩和木框架成"井"字形，内砌卵石，既保护河床又保护了

矴步。桥头南侧有历代修建碑记 12 方。2006 年公布为全国重点文物保护单位。

砭　biān。1. 古代用以治痈疽（yōng jū）、除脓血的石针，又称砭石。2. 即窆（biǎn）石。石上端有孔，用以穿绳引棺下穴。

砻（礱）　lóng。磨石。《汉书・枚乘传》："磨砻底厉，不见其损，有时而尽。"

砧　zhēn。1. 捣衣石。汉・班婕妤《捣素赋》："于是投香杵，扣玫（mín）砧，择鸾声，争凤音"。2. 切物用的砧板。唐・李商隐《杂纂》："不阑腰，不持刀砧，失厨子体。" 3. 古代用于斩首或腰斩的刑具，犯人伏其上以受刑。4. 泛指物体的基垫部分。明・徐光启《农政全书》："当砧之心而立之柱。三分其砧之径，以其一为柱之径"。5. 锻捶金属用的垫座。明・宋应星《天工开物・冶铁》："先铸铁成砧，以为受锤之地。"

砲（礮）　pào。兵器的一种。本是用来发射石弹的机械装置，后发展成为金属管状火器，用火药发射

金属弹头。又名炮、礌(kuài)，即抛石机。在大木架上装梢干，杆的后端系着许多绳索，前端用绳连接着一个盛石弹的皮窝。发射时，由许多人猛拽绳索，石弹就被抛出。　（图131）

图131　砲

砦(寨) zhài。【新砦遗址】新石器时代至夏代遗址。位于河南省新密市。面积约100万平方米，以河南龙山文化晚期和二里头文化早期遗存为主。设有外壕、城壕、内壕共三重防御设施，中心区有大型城址。主要出土物有制作精美的陶器，如子母口瓮、簋形豆、双腹豆、猪首形盖钮等，还出土有玉凿、红铜容器等高规格遗物，以及与二里头遗址出土的铜牌饰纹饰相类似的兽面纹、雕刻精细的夔龙纹等。2006年公布为全国重点文物保护单位。

硇 náo。【硇洲灯塔】近代建筑。位于广东省湛江市。始建于清光绪二十五年（1899），由广州湾法国公使署主持设计和建造，主要作为法国军舰和商船进出广州湾的航标灯塔。塔身由麻石叠垒而成，下方为正方形塔基，上部为圆锥体，塔顶作鼓圆形。底部设一封闭式可转托盘，内置水银。灯座架由160多条弧形水晶三棱镜片组成反射架体，再由凸透镜、荧光灯等构成一个完整的光源及发射体系。是世界目前仅有的两座水晶磨镜灯塔之一，与伦敦灯塔和好望角灯塔并称世界著名的三大灯塔。1996年公布为全国重点文物保护单位。

碛(磧) qì。【碛口古建筑群】明清建筑。位于山西省临县。保存有七处基本完好的民居建筑群：西湾村、碛口、高家坪、自家山、垣上、寨子山、李家山。古镇从清初开始大规模修建，形成了由三条主街道和众多民居、商号、店铺、客栈、寺庙等组成的格局。具有较高的文化与历史价值。2006年公布为全国重点文物保护单位。

碓 duì。舂米的工具。最早是一臼一杵，用手执杵舂米。后用柱架起一根木杠，杠端系石头，用脚踏另一端，连续起落，脱去下面臼中谷粒的皮。尔后又有利用畜力、水力等以代替人力的，使用范围亦扩大，如舂捣纸浆等。（图132）

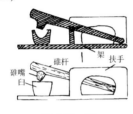

架 扶手
碓杆
碓嘴
臼

图 132　碓

磬 qìng。古代打击乐器。状如曲尺。用玉石或金属制成。悬挂于架上，击之则鸣。《诗经·商颂·那》："既和且平，依我磬声。"常成组使用，故称编磬。

碙 jiàn。【碙庵居士】汪镠（jiān）晚年自号。汪镠（1813—1864），清代画家、篆刻家。详见 148 页"镠"条"汪镠"。

磻 pán。【磻溪垂钓图】元代赵孟頫（fǔ）画作。纸本，立轴。磻溪，水名，在今陕西宝鸡市东南，相传为姜太公垂钓处。赵孟頫，元代著名画家、书法家，参见 136 页"頫"条"赵孟頫"。

眘 shèn。古"慎"字。【赵眘】（1127—1194），南宋孝宗名。名伯琮，后改名瑗，赐名玮，字元永。善书法。作品有《草书后赤壁赋》等。四川博物院藏有其所作《答虞咏文手诏》。

睚 kuàng。【睚觥】商代晚期青铜酒器。束颈，鼓腹，圈足，有錾。器盖前端为一鹿头，后端长流，有尾。通体素面。盖内铸铭文 6 字，其中"睚"为作器者名。该器 1987 年出土于河南安阳郭家庄西五三号墓。现藏中国社科院考古研究所。（图133）

图 133　睚觥（商代晚期）

睢 suī。【睢嵩年】（1582—1645），明代书法家、画家。字明永。镇江丹阳（今江苏丹阳）人。善画，亦善楷书、草书。作品有《草书柳永词》等。

眦 zì。睚眦，传说中的动物。详见本页"睚"条"睚眦"。

睚 yá。【睚眦】传说中的动物。龙生九子之一。其状龙身犲首。传说其性格刚烈，好勇擅斗，故常被刻镂于刀环、剑柄等处作装饰。（图134）

图134　睚眦

睗 shì。【越王者旨於睗剑】战国时期青铜兵器。剑体宽阔，中脊起线。双刃呈弧形，于近锋处收狭。圆盘形剑首，圆茎上有两凸箍，箍饰变形兽面纹，茎绕丝质缠緱

（gōu）。剑格两面铸双钩鸟虫书铭文，字口间镶嵌绿松石，其中"越王者旨於睗"为作器者名，"者旨"读为"诸稽"，是越王的氏，"於睗"则为越王之名，据考证当为文献所见越王勾践之子越王鼫（shí）与。该剑据传出于安徽寿县。现藏中国国家博物馆。（图135）

图135　越王者旨於睗剑（战国）

睺 hóu。【罗睺寺】明清时期佛教寺院。位于山西省五台山。该寺始建于唐代，明代弘治五年（1492）重建，此后又曾多次重修。因释迦牟尼之子罗睺罗尊者曾在此显迹，故名罗睺寺。现存文殊殿、大雄宝殿及藏经阁三大殿为明代弘治五年所建，天王殿则为清代康熙三十九年（1700）重修。1986年公布为山西省文物保护单位，是五台山保存完好的十大黄庙之一和五大禅寺之一。

瞂 fá。古代兵器，盾的异名。（图136）《逸周书·王会解》："请令以鱼皮之

鞞（bǐng），乌鰂（zé）之酱，鲛（jiāo）韨、利剑为献。"

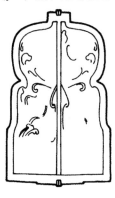

图 136　韨

瞿 qú。【瞿昙（tán）寺】明代建筑，藏语称"卓仓拉果丹代"。位于青海省乐都县城南。是我国西北地区保存最完整的一组明代建筑群，其结构布局与北京故宫相雷同，人称"小故宫"。该寺以宏伟的建筑、珍贵的文物、精美的壁画著名于世，被信仰藏传佛教的民众奉为佛教圣地。1982年公布为全国重点文物保护单位。瞿昙，佛教创始人释迦牟尼的姓氏，后以瞿昙为佛的代称。

甶 fú。【长甶盉】西周前期青铜酒器。鼓腹，束颈，口微外侈，分裆柱足，管状流，长舌兽首鋬。盖钮作半环状。盖与鋬有链条相接。器颈和盖沿均饰以云雷纹填底的窃曲纹，腹部饰双线 V 形纹，流饰三角雷纹。盖内铸铭文 6 行 56 字，其中"长甶"为作器者名。该器 1954 年出土于陕西长安普渡村西周墓。现藏中国国家博物馆。（图 137）

图 137　长甶盉（西周前期）

禺 yú。【禺方鼎】商代晚期青铜食器。体呈长方形，立耳，侈口方唇，颈略收，腹微鼓，平底，柱足，四隅有扉棱。口沿下饰夔纹，腹饰巨睛凝视的兽面纹，以雷纹衬地，足饰阴线蝉纹。腹内壁铸铭文 4 字及族徽，其中"禺"为作器者名。该器 1957 年出土于山东长清兴复河。现藏山东省博物馆。

毗 pí。【毗卢寺】古代佛教寺庙建筑。位于河北省会石家庄市西郊上京村。据文献记载，毗卢寺创建于唐朝天宝年间，宋、元、明各朝均曾重修。原来规模较大，建筑较多，现仅存释迦殿（前殿）和毗卢殿（后殿）。两殿内均绘有壁画，是我国目前保存较为完好的明代壁画之一。1996年公布为全国重点文物保护单位。

時 zhì。【赵令時】（1061—1134），北宋文学家，宋太祖次子燕王赵德昭玄孙。初字景贶，苏轼为之改字德麟，自号聊复翁。涿郡（今河北涿州）人。善书法。作品有《跋怀素自叙帖》。

罨 yǎn。罨画，色彩鲜明的绘画。多用以形容自然景物或建筑物等的艳丽多姿。明·杨慎《丹铅总录·罨画》："画家有罨画，杂彩色画也。"【罨画山图卷】明代陈淳画作。纸本，横轴。水墨山水。图中绘江南秋山烟云空蒙之景，山中村舍若隐若现。卷尾附陈淳大字题跋。该画现藏天津市艺术博物馆。陈淳（1483—1544），明代画家。字道复，后以字行，更字复甫，号白阳，又号白阳山人。长洲（今苏州吴县）人。【罨画池】古代园林建筑群。位于四川省崇州市。该园始建于唐代，全园由罨画池、陆游祠和州文庙三部分组成，以罨画池水面为中心进行布局，素有川西名园之称。现存罨画池建筑群大都重建于清中后期，为典型的清代川西建筑风格。2001年公布为全国重点文物保护单位。

羁（羈、羇、䩭）jī。马络头。有嚼口的叫勒，没有的叫羁。《庄子·马蹄篇》："连之以羁馽（zhí），编之以皂（zào）栈。"

罽 jì。1.毡类毛织品。（图138）《逸周书·王会解》："请令以丹青、白旄、纰（bǐ）罽、江历、龙角、神龟为献。"2.鱼网。《说文》："罽，鱼网也。"

图138　罽

盂 yú。商周时期青铜水器、食器。青铜器中有自铭为盂者。多为圆形，侈口方唇，深腹，腹壁斜直，近底处圆曲内收，平底，下接圈足，上腹部有兽首耳或附耳。

（图 139）

图 139　盂

盋 bō。同"钵"。盛器。形似盆而小，用来盛饭菜、茶水等。《广韵·末韵》："钵，钵器也。亦作'盋'。"

盉 hé。商周青铜酒器。青铜器中有自名为盉者。用于调合酒的浓淡。《说文·皿部》："盉，调味也。"多为硕腹、敛口、有盖，前有管状流，后有鋬，盖和鋬之间多以链索相连，下为三足或四足。（图140）西周中晚期同形器也有自名为鎣（yīng）者，参见 119 页"鎣"条。

图 140　盉

盌 wǎn。同"碗"，也作"椀"。一种敞口而深的食器。圆形，弧腹，矮圈足，多为陶瓷器。（图 141）《方言》卷五："盂，宋、楚、魏之间或谓之盌。"

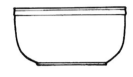

图 141　盌

盝 lù。古代妆具。常用多重套装，顶盖与盝体相连，呈方形，盖顶四周下斜。多用作藏香或盛放玺、印、珠宝等。【盝顶】古代屋顶基本形式之一。多用四柱，加上枋子抹角或扒梁，围成四角或八角形平顶，下接庑殿顶。（图142）金、元时期较常见，明、清两代仍多有盝顶建筑。

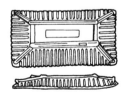

图 142　盝顶

盨（盨） xǔ。古代青铜食器。通体作椭方形，敛口，鼓腹，两旁有兽耳或附耳，下为圈足，上有盖，盖顶有四矩尺形或环形钮，或有圈足形捉手。用以盛食物。

盠 lí。【盠驹尊】西周中期青铜酒器。通体作马驹形，背部开方口，有兽钮盖，腹部中空，腹两侧和盖钮上装饰涡纹和云纹组成的圆形旋涡。在驹体颈胸之处有铭文94字，盖内有铭文11字，其中"盠"为作器者名。1955年陕西省眉县李家村窖藏出土。现藏中国国家博物馆。（图143）

图143 盠驹尊（西周中期）

盥 guàn。洗手，以手承水冲洗。《礼记·少仪》："举爵则坐立饮，凡洗必盥。"【蔡侯盥缶】春秋晚期青铜水器。圆口内敛，鼓腹，圈足，有盖。盖上有六柱足环形捉手。腹上有对称兽首双耳，两侧为双环钮铰链式提环，盖及器身分别饰凸起火纹，通体纹饰嵌以红铜。口内沿铸铭文1行10字，记载蔡昭侯为其女孟姬出嫁制作此件媵（yìng）器，作为陪嫁之用，是盥洗用的盛水器。此器1955年出土于安徽寿县蔡侯墓。现藏中国国家博物馆。

盨 zhōu。【盨司土幽尊】西周早中期青铜器。侈口，深腹，圈足。腹一侧为兽耳鋬。腹上部饰云雷纹衬底的夔纹一周。内底铸铭文2行9字，其中"幽"为作器者名，其官职为盨地的"司土"（后作"司徒"）。盨地，或以为在今陕西周至县（旧名盨屋）。此器现藏于北京故宫博物院。（图144）

图144 盨司土幽尊（西周早中期）

盩 diàn。【晋公盩】春秋晚期青铜器。自名为"盩"。侈口广唇，双环耳上端作兽首形，无足，无盖。肩与腹各饰窃曲纹一道。腹内侧铸铭文 24 行，可辨者 110 余字。作器者晋公，有晋平公、晋定公等说法。其形制与盆略同，当为盆的同器异名。用以盛食或盛水。

盪 dàng。涤器。《说文·皿部》："盪，涤器也。"【"骀盪万年"瓦当】西汉瓦当。圆面中心阳刻篆书"骀盪万年"四字，其中"骀盪"即骀荡，为建章宫附属建筑骀荡殿之名。文字四面施以蔓草纹。出土于陕西省西安三桥镇建章宫遗址。（图145）

图 145　"骀盪万年"瓦当（西汉）

盪 jiǎo。温器，即鐎鍏（yù），俗称"汤罐"。

《说文·皿部》："盪，器也。"

釭 gāng。车马器，加于车毂内外口的铁圈，用以穿轴。（图 146）《说文·金部》："釭，车毂中铁也。"

图 146　釭

釱（鈠）①dì。古代脚镣类刑具，用以钳足趾，多为铁质。（图 147）《说文·金部》："釱，铁钳也。"②dài。通"轪"，车辖。参见72页"轪"条。

图 147　釱

鈠 zhé。【郘公鈠钟】春秋晚期青铜乐器。甬部粗大，枚间饰蟠兽纹，鼓部为卷龙纹，上有镂刻甚细的几何条纹。有铭文 36 字，自述其为陆终后裔，其中"邾公鈚"为作器者邾桓公之名。此器现藏上海博物馆。（图148）邾，金文作"鼄"，国名，参见 13 页"邾"条。

图148　邾公鈚钟（春秋晚期）

鈚 yí。同"匜"，古代水器，后亦用作酒器。【酓肯鈚鼎】战国时期青铜水器。详见 158 页"酓"条"酓肯鈚鼎"。（图149）

图149　酓肯鈚鼎（战国）

锡（錫） yáng。1. 马额上的饰物。上缀金属，半月形，马走动时振动有声。《诗经·大雅·韩奕》："玄衮（gǔn）赤舄（xì），钩膺（yīng）镂锡。" 2. 盾背的金属饰物。（图150）《礼记·郊特牲》："诸侯之宫县，而祭以白牡，击玉磬，朱干设锡，冕而舞大武，乘大路，诸侯之僭礼也。"

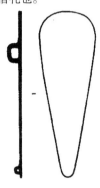

图150　锡

铏（鉶） xíng。1. 古代青铜酒器。似钟而长颈。敞口，扁圆腹，圈足。（图151）《庄子·徐无鬼》："齐人蹢（zhí）子于宋者，其命阍（hūn）也不以完，其求铏钟也以束缚，其求唐子也而未始出域，有遗类矣！" 2. 通"铏"，古盛羹器。详见 111 页"铏"条。

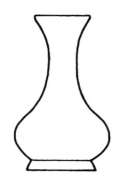

图 151　钘

鈚 pí。青铜容器名。青铜器中有自名为"鈚"者，如丧史宾鈚；或自名为"鈚"、"鉳"，如郜□孟城鈚、乐大司徒子□之子引鉳。器多直口，长颈，口沿或微侈，颈下有双环耳，腹部横截面作椭圆形或长方形，平底无圈足。春秋时流行于今山东地区。（图 152）

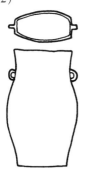

图 152　鈚

钟 (鍾、鐘) zhōng。 1. 古代酒器，多作"鍾"。圆形，似鼓腹细颈的瓶而形体略大。多为青铜质或陶质。《说文·金部》："鍾，酒器也。"现也称盅。 2. 古代青铜乐器，多作"鐘"。悬挂于架上，以槌叩击发音，常用作宗庙祭祀与宗族宴享之用。《说文·金部》："鐘，樂鐘也。"两周时期多成套使用，按大小次第排列，构成一定音阶，称为编钟，其数量与悬挂方式具有在贵族阶层中划分等级的作用。（图 153）

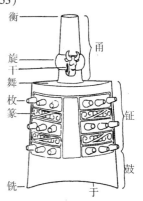

图 153　青铜钟示意图

钤 (鈐) qián。 1. 印章。 2. 盖印章。【钤镩（duò）】用数牛牵挽开沟的大犁。

钫 fāng。古代容器名，多用为酒器。腹部横截面做正方形，口足形同，颈较细，鼓腹，四隅有棱，腹壁弧形，双兽面铺首衔环，平底，圈足。或有盖。此形制的青铜器始见于战国中期，流行至西汉。（图154）汉代始名为"钫"。有青铜质和陶质的，陶质的多为明器。

图 154　钫

图 155　钱

钱（錢、钱） jiǎn。古农具名。臿（chā）属，似今之铁铲。（图155）《说文·金部》："钱，铫也。古田器。"

钲（鉦） zhēng。古代青铜乐器。又称丁宁。与铙相似，唯钲大而狭长。鼓部短阔，体部如两瓦相覆，口部呈凹弧形，底部正中有一管状甬，用以手执。使用时口部向上，击之发声。作战中用以节止步伐。（图156）《说文·金部》："钲，铙也。似铃，柄中上下通。" 2. 钟身正面的上部。《周礼·考工记·凫氏》："凫氏为钟……鼓上谓之钲。"

图 156　钲

钹（鈸） bó。铜制打击乐器。圆形，中部隆起如半球状，以两片为一副，相击发声。被广泛用于民间歌舞、戏曲、吹打乐、锣鼓乐中。（图157）《通典·乐四》："铜钹，亦谓之铜盘，出西戎及南蛮。其圆数寸，隐起如浮沤（ōu），贯之以韦，相击以和乐也。"

图157　钹

钺（鉞） yuè。古代兵器，同"戉"。始见于新石器时代，流行至西周时期，东周以后少见。有石质、玉质、青铜质等。是一种象征权力、地位的礼器。商周时期多为青铜制品，形似斧而略宽扁，平肩，弧刃，通常有内。《尚书·牧誓》："王左杖黄钺，右秉白旄以麾（huī）。"

钾（鉀） jiǎ。【于兰家铜钾】西汉青铜酒器。通体呈扁形，椭圆形口，方形圈足，两肩有铺首衔环。素面，圈足外部镌有铭文1行16字，自名"铜钾"。其中"于兰家"为汉代王侯贵族的家号。1956年江西省九江征集。

钿（鈿） diàn。以金、银、玉、贝等镶嵌器物。【螺钿】古代漆器装饰工艺。用蚌壳薄片制成人物、花卉、鸟兽等图案，镶嵌在漆器表面。【镶嵌螺钿花鸟葵花镜】唐代铜镜。圆钮，莲瓣纹钮座。其外为一周团花纹。主纹分四组，每组饰鸾鸟衔绶、莲花荷叶纹各一。整个图案以绿松石为地。该器现藏于日本白鹤美术馆。

铊（鉈） ①yí。同"匜"，古代水器，后亦用作酒器。金文或作"铊"。《史颂匜铭》："史颂作铊。"详见3页"匜"条。②shī。又作"鉈"，短矛。《说文·金部》："铊，短矛也。"

铍（鈹） pī。1. 古代有柄长兵器。锋刃似剑，两边有刃，形近矛。后端为扁形或矩形的茎，用以装柄。《左传·昭公二十七年》："抽剑刺王，铍交于胸。"湖南省博物馆藏战国时铜铍一件，长34.5、刃宽4.4厘米，1956年长沙子弹库30号墓出土。2. 针砭用的长针，用以破痈

（yōng）排脓。（图 158）《说文·金部》："铍，大鍼（zhēn）也。"鍼即针。

图 158　铍

图 159　铎

铎（鐸）duó。古代青铜乐器，大铃之属。古代宣布政教法令或遇战事时用之。青铜制品，腔体多较短阔，横截面作合瓦形，口沿稍内凹，形似钲而有舌，振之可发声。（图 159）《说文·金部》："铎，大铃也。"

铍（鏺）pō。古代农具。两边有刃，装有木柄，用以割草。《说文·金部》："铍，两刃，木柄，可以刈草。"

鉽shí。【徐鉽】(1767—1825)，清代画家。字彦常，号鹿崖，又号西涧、石甑山樵。仁和（今浙江杭州）人。善山水，间作花卉。作品有《山水对屏》、《山居图》、《陈鸿寿、徐鉽等人书画合璧册》等。

铏（鉶）xíng。古代盛羹的鼎。两耳三足，有盖，常用于祭祀。（图 160）《周礼·天官·亨人》："祭祀，共大羹、铏羹，宾客亦如之。"

图 160　铏

銎 qióng。戈、矛、钺、斧上装柄的孔。有圆形、方形、椭圆形等。（图161）《墨子·备穴》："以金剑为难，长五尺。为銎、木厼（chì），厼有虑枚，以左客穴。"

图 161　銎

銙（銙）kuǎ。古代附于腰带上的扣板，作方、椭圆等形。原用来受环悬物，后纯用作装饰。其质料、数目随时代或饰者的身份而异。《广韵·马胡》："銙，带饰。"《新唐书·舆服志》："至唐高祖……一品、二品銙以金，六品以上以犀，九品以上以银，庶人以铁。"内蒙古博物馆现藏有一胡人弹琵琶玉銙。

鋏（鋏）jiá。剑把，常用作剑的代称。《战国策·齐策四》："居有顷，倚柱弹其剑，歌曰：'长鋏归来乎！食无鱼。'"

鐃（鐃）náo。古代青铜乐器。形制似铃而稍大，体短而阔，作覆瓦形，口沿作凹弧形或平齐，体无

舌，有中空之柄，手执敲击，其用途是在退军时敲击以止鼓，以示退却。（图162）《周礼·地官·鼓人》："以金錞（chún）和鼓，以金镯（zhuó）节鼓，以金鐃止鼓，以金铎（duó）通鼓。"

图 162　鐃

銍（銍）zhì。古代农具。短镰刀，用于掐禾穗。半月或椭方形，上有穿孔。春秋以前多为铜质，战国以后多为铁质，亦有石质。（图163）《说文·金部》："銍，获禾短镰（lián）也。"

图 163　銍

鐺（鐺）chēng。锅的一种。似釜，有耳

和足，用于烧煮饭食等。《太平御览·器物部》引《通俗文》："甒（fǔ）有足曰铧。"

铣（銑） xiǎn。古代编钟钟口两角。（图164）《周礼·考工记·凫（fú）氏》："凫氏为钟，两栾（luán）谓之铣。"

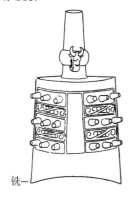

铣一

图164　铣部示意图

铤（鋌） dìng。1. 通"莛"。箭头后部插入箭杆的部分，也指剑身后部连接剑柄的部分。《周礼·考工记·冶氏》："冶氏为杀矢，刃长寸，围寸，铤十之，重三垸（huán）。" 2. 通"锭"，古代货币。以金、银熔铸而成，称"金铤"或"银铤"。

铦（銛） xiān。古代农具。似今之铁锹

（xiān）。《说文·金部》："铦，臿属。"【杜甫寄贺兰铦诗】宋代黄庭坚书法作品。纸本，横轴。正文草书，尾"寄贺兰铦"四字为行楷。现藏于北京故宫博物院。黄庭坚（1045—1105），北宋诗人、词人、书法家。参见7页"偈"条"七佛偈"。

鋋 chán。古代兵器。装有铁柄的小矛。《史记·匈奴列传》："其长兵则弓矢，短兵则刀鋋。"

铧（鏵） huá。1. 古代农具，用以翻土，即锹。2. 铧式犁的主要部件之一，位于犁体前方，起入土和切开土垡的作用，并和犁壁构成犁体工作面以碎土翻土。（图165）

图165　铧

鍭 hóu。【鍭镂】汉代青铜酒器。器名取其盖顶隆起作山巅屺嵝（gǒu lǒu）状。扁圆形，有三足，器颈较高。

材质为陶或青铜。台北故宫博物院藏西汉铜鉐镂一件。敛口带盖，束颈凸腹，上有双环耳，链以双龙首提梁，圜底三熊作足，器盖顶面饰三山脊，器身光素。（图166）

图 166　鉐镂（西汉）

铩（鍛）　shā。古代兵器。长刃刀矛之属。《史记·秦始皇本纪》：“鉏（chú）櫌（yōu）棘矜（qín），非铩（yǎn）于句戟长铩也。”或以为铍下装有剑鼻者。《说文·金部》：“铩，铍有镡（xín）也。”【宜章铩】战国中期青铜兵器。形似长矛，前部两侧有刃，尖锋，中部有脊，后部为骹（qiāo），扁圆銎。上有篆体铭文“宜章”二字，为战国时期楚国地名。1955年湖南长沙市左家塘出土。现藏湖南省博物馆。

铫（銚）　①yáo。农具，大锄。《管子·海王篇》：“耕者必有一耒、一耜、一铫。”②diào。煮开水熬东西的器具。③tiáo。古代兵器，像矛。《吕氏春秋·简选篇》：“锄櫌白梃（tǐng），可以胜人之长铫利兵。”

銮（鑾）　luán。立于轭首或车衡上的铃，或以为装在马嚼两端。上部为扁球形铃，下部为座。铃内有丸，车行则摇动作响，声似鸾鸟，故名。多为铜质。流行于西周时期。（图167）

图 167　銮

銴　pàn。器物上便于手提的部分，一般附于器物肩腹部。常见于陶器、青铜器等上。

鏳　①xíng。1. 温器。《说文·金部》：“鏳，温器也，圜直上。”2. 古同“铏”，酒器。《急就篇》颜师古注：“鏳字或作铏，铏似钟而长颈

也。"②xìng。长钟。《集韵·
径韵》："鋞,长钟也。镈谓
之鋞。"

铜（鐗、鐧）①jiàn。古
代车马器。
嵌在车轴上的小方铁,用以减
少轮、轴间的摩擦。《说文·
金部》："铜,车轴铁也。"②
jiǎn。古代兵器。金属制品,
长而无刃,有四棱,上端略
小,下端有柄,似鞭,属短兵
器。（图168）

图 168　铜

鋈wù。白铜。《说文·金
部》："鋈,白金也。"

銓quàn。【朱统銓】即朱
奔,参见 135 页"奔"
条"朱奔"。

锛（錛）bēn。古代工具。
用以砍削木料,
使其表面平整。正面多为梯形
或长方形,刃部或为偏刃,柄
成曲形。可见石质、青铜质、
铁质。（图169）文献或称为
"斤"。

图 169　锛

锜（錡）①qí。古代有足
的釜。（图170）
《诗经·召南·采蘋》："于以

图 170　锜

湘之,维锜及釜。"②yǐ。古
代悬弩的兵器架。（图171）

图 171　锜

鏨（鏨）zàn。小凿。雕凿金石的工具。【鏨花】古代金工传统工艺之一。用小锤敲击各种大小不同的金属鏨子，在金属表面留下鏨痕，形成各种不同的纹理，使单一的金属表面产生多层次的立体装饰效果。该工艺始于春秋晚期，盛行于战国，至今仍在沿用。浙江省博物馆藏一宋代鏨花铜盒。盒呈球状，由盖、身两部分组成。盖、身中央皆有圆孔，原应以铜条穿连。盒身口沿作子母口，以便扣合。盒周身压团花。盒身内底墨书"景德吉唐七郎"6字。

铪hé。古代青铜酒器或量器。青铜器中有自名为铪者，主要流行于春秋战国时期。多为敞口或敛口，腹部横截面与口部皆作椭圆形，两长边上腹多有双环耳，腹壁内收成平底。亦有圈足、四足者。【左关铪】战国中期量器，"齐量三器"之一。器作半球体，沿上有流，小平底，无纹饰。外壁铸铭文"左关之铪"四字，其中"左关"为战国齐地。古人以东为左，以西为右。左关地处齐国东境，故有"左关"之名。此器当是左关征收税赋用的量器。清咸丰七年（1857）出土于山东胶县灵山卫。现藏上海博物馆。（图172）

图172　左关铪（战国中期）

錍pī。【土匀容四斗錍】战国时期青铜量器。自名为"錍"。形制似壶，敞口，短颈，双环耳，鼓腹扁圆，平底，矮直圈足。腹饰绚索纹，底饰十字纹，颈部刻有篆书铭文1行6字。其中"土匀"即土军，在今山西石楼，时属赵地。1974年山西太原征集。现藏山西省博物院。

锧（鑕）zhì。古代腰斩人用的砧板。《公羊传·襄公二十七年》："负羁（jī）絷，执钺（fū）锧。"

錞①chún。【錞于】古代青铜乐器。多与鼓配合，用于战争中指挥进退。其形制为：上大下小，平顶圆肩，下部收敛成桶状，横截面近似椭圆形，顶部常有环纽或虎纽。春秋时期出现，盛行于战国至西汉前期。《周礼·地官·鼓人》："以金錞和鼓。"（图173）

②duì。即鐏（zūn），亦作"镦（duì）"。装于戈、戟柄的末端，多为锐底，可以插地。参见 122 页"鐏"条义项 1。

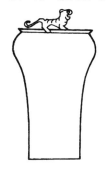

图 173　錞于

锬（錟） tán。长矛。《方言》："锬谓之铍（pī）。"郭璞注："今江东呼大矛为铍。"

锲（鍥、鎑） qiè。农具，镰刀之属。《说文·金部》："锲，镰也。"

鍉 dī。1. 中医九针之一，鍉针。《灵枢经·九针十二原》："鍉针者，锋如黍粟之锐，主按脉勿陷，以致其气。"河北满城汉墓中出土有鍉针。2. 通"镝"，箭镞。《汉书·项籍传》："堕名城，杀豪俊，收天下之兵聚之咸阳，销锋鍉，铸以为金人十二，以弱天下之民。"

锷（鍔） è。刀剑的刃。（图 174）《庄子·说剑篇》："天子之剑，以燕谿（xī）石城为锋，齐岱为锷，晋魏为脊，周宋为镡（xín），韩魏为夹。"

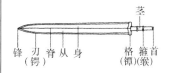

图 174　锷

鍑（鍑） fù。青铜容器，即大口锅。鍑有一器多用的特点，可作炊具、盛食器，但主要用作礼器供祭祀之用。多有两立耳，弧腹，下承圈足。西周中期起源，盛行于中国北方农牧交错地带。内蒙古自治区文物考古研究所藏汉代铜鍑一件，敛口，圆筒形，下腹微敛，平底。口沿上立扁平环状耳，两边有凸棱呈弧形向腹部延伸。该器系 1974 年由内蒙古鄂尔多斯所征集。

锸（鍤） chā。又称臿（chā）、锹，掘地起土的工具。《汉书·王莽传》："父子兄弟负笼荷锸，驰之南阳。"

鍪 móu。古代青铜食器。似锅。敞口，束颈，圆底，肩

部有一或二个饰以绚索纹的环形耳。最先为秦器，之后主要在巴蜀地区流行。（图175）

【兜鍪】古代打仗时战士戴的盔。秦汉以前称"胄"，后称"兜鍪"。参见 89 页"胄"条。

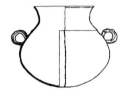

图175   鍪

鍨 kuí。也作"戣"，参见 76 页"戣"条。【嵌错兽面纹鍨】战国时期青铜兵器。戈锋尖锐，似双翼式箭镞，两面各饰错银兽面纹，一面有阴刻符号。

鏊 áo。【王鏊】（1450—1524），明代名臣、文学家。字济之，号守溪，晚号拙叟，学者称"震泽先生"。吴县（今江苏苏州）人。作品有《行书自作诗》、《姑苏志》、《震泽集》、《春秋词命》等。

镈（鎛） bó。古代青铜乐器。现多将类于钟而平口的乐器统称为镈。青铜器中有自名为镈者，亦有形制为镈而自名为钟者。迄今可见最早的镈出现于商代中期，通行于西周，春秋早期以后，镈渐多见，流行于整个春秋战国时期。春秋中期以后，常常以若干件组成编镈，与编钟、石磬配合使用。《说文·金部》："镈，大钟，鎛于之属，所以应钟磬也。"【克镈】西周晚期青铜乐器。器作椭圆长体，于部略敛，口平齐，舞部中央有圆孔。钲部上下各有一道浮雕宽带，带上饰八个菱形枚，钲中部两边各饰对称的浮雕状夔龙，钲两侧和两面正中各有一条透雕连环盘绕的夔龙组成的扉棱，两侧的扉棱在舞上相连，形成悬钮。鼓部铸铭文 16 行 79 字，其中"克"为作器者名。该器 1890 年出土于陕西岐山法门寺任村，现藏天津市艺术博物馆。（图176）

图176   克镈（西周晚期）

锐（鐁、钂）^{tǎng。}【锐钯】宋代出现的多刃铁制兵器。形似马叉，上有利刃，两面出锋，刃下横带刃两股，向上弯。可以刺击，也可以防御。（图177）

图177   锐钯

镏（鎦、鎦）^{liú。镏金。}一种涂饰金泥的工艺。又作"鎏金"。参见本页"鎏"条。

镐（鎬）^{hào。}【大府镐】战国后期青铜食器。敞口，折腹，平底。上腹置四钮贯环耳。通体素面。口沿外壁铸铭文9字。据考证，当是楚国大府（为王室掌管府库的机构）为楚王所作食器。1933年安徽寿县征集。（图178）

图178   大府镐（战国后期）

鎏^{liú。}鎏金，一种涂饰金泥的工艺。技术原理是将金和水银合成的金汞剂涂在铜器表层，加热使水银蒸发，使金牢固地附在铜器表面不脱落。又称火镀金，亦称"镏金"。鎏金主要用来装饰铜铁一类建筑构件和各式器皿。该工艺最早出现于战国时期。美国赛克勒美术馆藏战国时期鎏金虎食人形带钩一件，器身老虎作蹲卧状，虎嘴中露有人头，虎与鸟身均用斜线作填纹，全器鎏金。是战国时代鎏金工艺的代表品。

罂^{yīng。}古代青铜水器。西周中晚期对盂的异称。陕西西安市长安区张家坡出土西周晚期伯百父盂一件，器身近似同期的盂，有盖，盖顶作盘龙形，流作直喙，铭文自名为"罂"。参见104页"盂"条。【龙纹罂】春秋早期青铜食器。隆形盖，上有环形捉手，敛口，鼓腹，下有三袋足，腹部置兽形环耳，盖和上腹部饰龙纹带，腹部饰瓦棱纹，耳饰兽首和重环纹。现藏美国赛克勒美术馆。（图179）

图179　龙纹鎣（春秋早期）

鎋　xiá。同"辖"。安在车轴末端的挡铁，用以防止车轮脱落。详见75页"辖"条。

錮　ōu。1. 古代青铜酒器。形如簋，敞口、圆唇、圆腹、平底、圈足。长沙汤家岭出土有西汉錮，铭文为："张端君酒錮一。"据此知是酒器名。2. 浮沤钉。作为装饰物的门上所钉凸形大钉。《集韵·侯韵》："錮，门铺谓之錮鉐（hóu）。"

鏚　qī。同"戚"，古代兵器，斧的一种，亦用作礼仪器。《左传·昭公十二年》："君王命剥圭以为鏚柲

（bì）。"详见76页"戚"条。

镘（鏝）　màn。抹子。一种扁平或稍有曲线形的带柄工具，瓦工抹墙所用。《尔雅·释宫》："镘，谓之杇（wū）。"

鏓　cōng。1. 亦作"鏓"。平木工序中使用的工具。形状上窄下宽，宽的一端有刃，剖面呈锥形。（图180）2. 在器物上填嵌金银等饰物。【鏓衡】嵌金饰的车辕端横木。

图180　鏓

鏞（鏞）　yōng。古代青铜乐器。形似钟而稍大，弧形口，器身横截面多作扁椭圆形，饰有乳钉纹。（图181）《诗·大雅·灵台》："虡（jù）业维枞（cōng），贲鼓维鏞。"郑玄笺："鏞，大钟也。"　【沈树镛】（1832—1873），清代收藏家。字均初，一作韵初，号郑斋。江苏南汇（今上海）人。作品有《汉石经室丛刻目录》、《汉石经室跋尾》等。

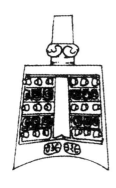

图 181 镛

镞(鏃) ① zú。箭头，质地有铜质、铁质、骨质、石质等。《管子·参患篇》："射而不能中，与无矢者同实。中而不能入，与无镞者同实。"② chuò。一种小型锄。北魏·贾思勰（xié）《齐民要术》："苗生如马耳则镞锄。"

镟(鏇) xuàn。圆形矮炉，口沿上有承釜的支钉，炉身中部有炉箅（bì），炉下部开火门。（图182）《说文·金部》："镟，圆炉也。"

图 182 镟

镝(鏑) dí。箭头的尖端。【鸣镝】古代兵器。又称"响箭"。由镞锋和镞铤组成。镞铤横截面呈圆形，飞行时会发出声响，故名。多为铜质及骨质。在内蒙古鲜卑族墓葬中多有发现。（图183）

图 183 鸣镝

鍫 piě。锹刃。畚（chā）前端所加的金属头，用以刺土。（图184）《说文·金部》："鍫，河内谓畚头金也。"汉代中原的铁鍫作凹字形，云南等地生产的凹形鍫，前端附有舌状突刃。

图 184 鍫

镠(鏐) liú。【张镠】（1769—1821），清代画家、篆刻家。字子贞，一

作紫贞，号老姜、紫磨，别号
紫峰、井南居士、扬州布衣。
江都（今江苏扬州）人。通篆、
隶，工铁笔，善山水。作品有
《萼（è）绿仙馆图》，著有
《求当斋集》、《老姜印谱》等。

锄 sī。刮刀、平木器。铁质，多为圆柱形锥体。
（图185）【锄锣】一种铜制的
盥洗用具。

图185　锄

镡（鐔） xín。1. 剑鼻，剑柄和剑身连接处
的两旁突出部分。（图186）
《庄子·说剑篇》："天子之
剑，以燕谿石城为锋，齐岱为
锷，晋魏为脊，周宋为镡，韩
魏为夹。"2. 古代兵器，形似
剑而小。《汉书·韩延寿传》：
"延寿又取官铜物，候月蚀铸作

图186　镡

刀、剑、钩、镡，放效尚方事。"

锇（鐝） jué。起土、碎土
的农具。出土物
中有在木叶上装铁口的，亦有
全铁的。（图187）

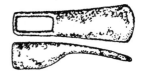

图187　锇

鐎 jiāo。鐎斗，又作刁斗。
汉晋时期使用的一种温
酒器。三足，上曲细柄，口部带
流。因便于携带，常用于军旅。
军中也用以打更。（图188）《急
就篇》颜师古注："鐎谓鐎斗，
温器也，似铫（diào）而无缘。"

图188　鐎斗

鐏 zūn。1. 装于戈柄末端，
用以保护戈柄的金属套。
多为锐底，可以插地。《礼
记·曲礼上》："进戈者前其
鐏，后其刃。"【蟠虺（pān
huǐ）纹人形鐏】战国前期兵
器附件。鐏上端饰两道凸双弦

纹。腰突起节，饰蟠虺纹、云纹和点状纹带，下端有一道云纹。鐏末有一踞坐人，身着云纹衣，半袖露胸。浙江湖州出土，现藏于浙江省博物馆。（图189）2. 铁首农具。东汉·刘桢《大暑赋》："农畯（jùn）捉鐏而去畴，织女释杼而下机。"3. 即樽，酒器。筒形，有足。（图190）汉·枚乘《柳赋》："鐏盈缥玉之酒，爵献金浆之醪（láo）。"

图189　蟠虺纹人形鐏
（战国前期）

图190　鐏

锃（鐄）qiǎng。成串的钱，泛指钱币、银子或银锭。左思《蜀都赋》："藏锃巨万。"

镫（鐙）①dēng。1. 古代盛放熟食的器具，也写作"登"。《仪礼·公食大夫礼》："大羹湆（qì）不和，实于镫，宰右执镫，左执盖，由门入。"②dèng。马鞍两旁的脚踏。古代多为青铜质，后又演变为铁质。（图191）

图191　镫

鐍 jué。有舌的环。古用以佩璲。犹今皮带上之套环，带收紧后，以舌纳带孔而固束之。

鐖 ①jī。机括，古代弩箭上的发动机关。《淮南子·齐俗训》："若夫工匠为连鐖、运开，阴闭、眩错，入于冥冥之眇，神调之极，游乎心手众虚之间，而莫与物为际者，父不能以教子。"②qí。大镰刀。《史记·淮南衡山列传》："今吾国虽小，然而胜兵者可得十余万，非直适戍之众，鑱凿棘（jí）矜也，公何以言有祸无福。"

镬（鑊） huò。无足的鼎，古时用作煮肉的炊器。有三个足的架空，可以燃火，两耳用铉（xuàn）或扃（jiōng）抬举。多为青铜质或铁质。亦用作烹人的刑

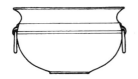

图192　镬

器。（图192）【中山内府镬】西汉中期铜器。敞口，敛颈，腹微鼓，假圈足。腹部饰凸弦纹一周，有衔环蟾蜍形铺首一对。口沿上铸铭文24字，有"中山内府铜镬"字样，还有容量、制造年月和工匠名。1968年出土于河北省满城中山陵刘胜墓，现收藏于河北省博物馆。（图193）

图193　中山内府镬
（西汉中期）

鐻 ①jù。又作"虡"。古代悬挂钟鼓的架子两侧的柱子。《周礼·春官·典庸器》："及祭祀，帅其属而设笋虡。"郑玄注引杜子春曰："横者为笋，从者为鐻。"参见137页"虡"条。②qú。金或银的环状耳环，流行于西南和南方各少数民族。（图194）《山海经·中山经》："其状人面而豹文，小要而白齿，而穿耳以鐻，其鸣如鸣玉，是山也，宜女子。"

图194　鐻

鐴 bì。犁耳。明·徐光启《农政全书》卷二一："鐴，犁耳也。"【鐴耳】装在铧（huá）或镵（chán）上的

图195　犁示意图

铁板。（图195）明·李实《蜀语》："犁上铁板曰鏄耳。"

鎒 diào。【句鎒】春秋战国时期的一种手持打击乐器，又称"钩鎒"。其形制、用法似钲，体形较狭长，柄较长，口沿内凹较深，使用时口向上。以青铜铸造为主，后期也有青瓷烧制的。（图196）

图196　句鎒

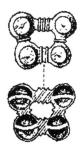

图197　钀

钀（鑣）biāo。马嚼子。连结于马络头上，通过皮条与马衔相系连。多为铜质或铁质。（图197）《楚辞·九叹·离世》："断钀衔以驰骛兮，暮去次而敢止。"

鏄 bó。亦作"镈"。古代青铜乐器。详见118页"镈"条。

鑸 líng。古器物名。盛行于西周晚期至春秋前期，用作酒器或水器。有陶质品，也有青铜质品。口微侈，束颈，有盖，宽肩，颈与肩间饰两兽耳，圈足。传世铜器中，有自名为"鑸"者。

鑲（镶）xiāng。古兵器名。《急就篇》颜师古注："镶者，亦刀剑之类。其刃却偃而外利，所以推攘而害人也。"【钩镶】汉代攻防两用的兵器。整体为一铁条，上下作钩状，中部固定一盾形铁板，铁板正面有突起的长锥，铁板后面有供手持的柄。（图198）《释名·释兵》："钩镶，两头曰钩，中央曰镶。或推镶，或钩引，用之宜也。"

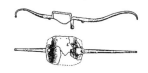

图198　钩镶

钁 jué。亦称"钃（zhuó）"，起土用农具。体较长大，有单斜面或双斜面刃，顶端有长方銎，銎中安方木，方木上装柄，柄与外皮体成直角。最早见于商代，春秋、战国时期较多。【钁头】一种掘土农具，似镐。

姚 tiǎo。箭矢。《玉篇·矢部》："姚，矢也。"

矰 zēng。系有生丝绳以射飞鸟的箭。根据出土文物，生丝绳当系在箭头翼部的小孔上。《吕氏春秋·直谏篇》："荆文王得茹黄之狗、宛路之矰，以畋于云梦，三月不反。"

禊 xì。古代春秋两季在水边举行的除去不祥的祭祀。亦作"禊（xì）"。【禊帖】《兰亭集序》的别称。晋代王羲之书法作品。行书，共28行324字。因帖中有"修禊事也"句，故名。真迹据传随唐太宗葬入昭陵，今仅存唐代书家摹本。王羲之（303—361，一作321—379），东晋书法家。字逸少，号澹（dàn）斋。祖籍琅玡（今山东临沂），后迁会稽（今浙江绍兴）。兼善隶、草、楷、行各体，精研体势，心摹手追，

广采众长，备精诸体，冶于一炉，自成一家，创造出"天质自然，丰神盖代"的行书，后世称为"书圣"。作品有《兰亭集序》、《快雪时晴帖》等。

穰 ráng。【赵令穰】（生卒年不详），北宋画家。宋太祖赵匡胤五世孙。字大年。汴京（今河南开封市）人。作品有《汉宫图》、《阿阁图》、《万松金阙图》等。【行穰帖】晋代王羲之书法作品。纸本，纵轴。现存为唐代内府本双钩廓填本，共2行15字。笔画厚实，不显锋棱，有篆籀意味。字势一泻而下，体格开张，姿态多变。该帖现藏美国普林斯顿大学美术馆。王羲之（303—361，一作321—379），东晋书法家，详见本页"禊"条"禊帖"。

皋 gāo。【林皋】（1657—1726），清代篆刻家。字鹤田，一字鹤颠，更字学恬。福建莆田人。著有《宝砚斋印谱》、《灵鹤田印谱》等。

艓 dié。连绵。【青白玉"绵绵瓜艓"御制诗洗】清乾隆时期玉洗。青白玉质，一侧琢齿状卷叶形为柄，足为六角花形。高4.5厘米，长15.2厘米，宽11.7厘米。工

匠巧依洗子的花瓣形，阴刻填金清乾隆皇帝御笔五言诗一首及"乾隆甲午仲春月御题"款，字口内填金。现藏于首都博物馆。"绵绵瓜瓞"谐子孙万代永无止尽之意。

瓠 hù。葫芦的一种。【瓠壶】春秋战国至汉代流行壶式之一，形似瓠瓜而得名。器呈小口、倒喇叭颈、大腹，是盛酒或水的容器。壶体由上小下大的两个球体连接而成，有的颈部较长，或直或弯曲，腹部作椭圆形。壶盖造型考究，多为凤首状。质地有青铜、泥质陶、印纹硬陶、釉陶、原始青瓷等。1967年陕西绥德曾出土春秋晚期蟠龙纹

图199 瓠壶（春秋晚期）

瓠壶一件，侧颈鼓腹，器呈瓠瓜状，下有圈足。盖为伏鸟形，尖喙有冠。有双首龙形鋬，以链与盖鸟尾相连。腹部饰六周浮雕蟠龙纹。该器现藏于陕西历史博物馆。（图199）同形器或又定名为匏（páo）壶。参见25页"匏"条。

瓥 xī。瓠瓢。《集韵·支韵》："瓥，瓠瓢也。"

凫（鳧） fú。野鸭。【凫尊】古代青铜酒器。通体作凫形，故名。宝鸡青铜器博物院藏西周中期凫尊一件。尖勾喙。鸟身挺立，昂首远眺。长方形鸟尾与鸟足成三足支点。鸟身中空，背部有长方孔。该器系1970年代陕西宝鸡茹家庄西周墓所出土。（图200）

图200 凫尊（西周中期）

鸢 yuān。【鸢卣】商代晚期青铜酒器。椭圆形，敛口、短颈、鼓腹、圈足。肩设扁提梁。有盖，盖上有菌形

钮。自盖至足有四条扉棱贯通。盖面及腹部饰兽面纹，颈及圈足饰龙纹、鸟纹，提梁饰蝉纹。器内底铸铭文"鸢"字，当是作器者族徽。该器据传为河南安阳出土。现藏美国弗利尔美术馆。（图201）

图201　鸢卣（商代晚期）

鸮 xiāo。鸱（chī）鸮，鸟名。俗称猫头鹰。《诗经·陈风·墓门》："墓门有梅，有鸮萃止。"【妇好鸮尊】商代晚期青铜酒器。形似立鸮，头微昂，大眼宽喙（huì），小耳高冠，胸略外凸，双翅敛合，宽尾下垂，与双足合成三个支撑点。器颈、胸各饰一道扉棱。头后开一半圆形口，上可置盖。背后为一兽首半圆形鋬。鋬下尾上铸一鸱鸮，圆眼尖喙，双足内屈，正展翅作飞翔状。

盖面隆起，前端铸一尖喙高冠之鸟，呈站立形。鸟后为龙形盖钮。盖顶以雷纹为底，饰兽面纹。盖下有内折子口，与器口相合。器口内壁铸铭文"妇好"二字，为商王武丁配偶之名。该器1976年出土于河南安阳小屯五号墓。现藏中国社科院考古研究所。（图202）【陶鸮尊】汉代陶器。直口，鼓腹，圈凹底，器左右对称处附加两翅，其后附加长方形钝角鸟尾，器身和器盖刻划羽毛纹和圆圈纹，器底附一鹰足，眼小嘴短。现藏广东省博物馆。

图202　妇好鸮尊（商代晚期）

鸰（鴒） líng。【鹡（jí）鸰】水鸟名。体小，头黑额白，背黑腹白，嘴细长，长尾和长翅，生活于水边。【鹡鸰颂】唐玄宗法作品。楷书，共 40 行 337 字。为目前仅存之唐玄宗作品真迹。现藏于台北故宫博物院。【鹡鸰荷叶图】南宋画作。绢本，设色。钤鉴藏印"宋荦（luò）审定"、"嘉庆御览之宝"，又半印一方，印文模糊不辨。该画现藏北京故宫博物院。

鸱（鴟）chī。1. 鹞鹰，一种猛禽。鸢（yuān）属。2. 鸱鸮，鸟名。俗称猫头鹰。参见 128 页"鸮"条。3. 鸱形的盛酒器，代指酒杯。宋·苏轼《和陶赠羊长史》诗："不持两鸱酒，肯借一车书。"【鸱吻】传说中的动物，龙生九子之一。古代宫殿屋脊正脊两端的一种饰物。初作鸱尾之形，一说为蚩（一种海兽）尾之形，象征辟除火灾。后来式样改变，折而向上似张口吞脊，故名鸱吻。（图 203）

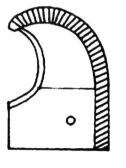

图 203　鸱吻

鸲（鴝）qú。又作"鸜"。鸲鹆（yù），鸟名，俗称八哥。参见 131 页"鸜"条。【竹石鸲鹆图轴】清代陈应麟画作。绫本，水墨。现藏上海博物馆。陈应麟（生卒年不详），清代书画家。字壁山。江陵（今湖北荆州）人。作品有《国朝画徵续录》等。

鹭（鷥）sī。鹭（lù）鸶，一种水鸟。因其头顶、胸、肩、背部皆生长毛如丝而得名。【雪景鹭鸶图】清代画家余省画作。绘于乾隆二十八年（1763）。纵轴，纸本，水墨。现藏常熟市文物管理委员会。余省（1692—1767），清代画家。字曾兰，号鲁亭。江苏常熟人。花鸟师从蒋廷锡，乾隆时供奉"内廷"，善画花鸟鱼虫，尤擅画蝴蝶，并参用西洋画法，赋色妍丽。

鸷（鷙）zhì。凶猛的鸟。【鸷鸟尊】春秋青铜酒器。通体作昂首挺立的鸷鸟形。鸟有冠，双角，圆目，尖喙，腹腔中空，颈、

头、喙相通，鸟背开小口设一
小盖，盖有链条与虎形提梁相
连。鸟尾下设一虎形支脚。
1988 年山西太原赵卿墓出土。

鸾（鸞）luán。1. 鸟名，
传说中凤凰的一
种。2. 古代车衡上的金属铃。
以其鸣声似凤鸟，故名鸾铃。
《诗经·小雅·蓼萧》："和鸾
雍雍，万福攸同。"又作
"銮"，详见 114 页"銮"条。

鸲（鴝）yù。鸲（qú）鸲，
又作"鸜（qú）
鸲"。鸟名，俗称八哥。【秋
树鸜鸲图】宋代扇面画作。绢
本，设色。纨扇页。图绘鸜鸲
一只栖止于枯树上，回首注视
远方。为宋代写生花鸟画杰
作。画中无款，钤有"宣统御
览之宝"、"桂坡安国鉴赏"
等印，经清人安岐、清宣统内
府收藏，《石渠宝笈初编》著
录，现藏于北京故宫博物院。
参见 129 页"鸲"条"鸲
鸲"，又见 131 页"鸜"条
"鸜鸲"。

鹇（鷳）xián。鸟名，雉
科鹇属。【柳禽白
鹇图】明代江肇画作。立轴，
绢本，设色。现藏北京故宫博
物院。江肇（生卒年不详），
明代画家。字德初、克终，号

海云。安徽休宁人。作品有
《起蛟图》、《观瀑图》等。

鹈（鵜）tí。【鹈鹕（hú）
鱼纹敦】战国早
期青铜食器。通体呈圆球形，
子母口，扣合紧密。腹两侧各
置一环耳，盖顶与器底各置三
环钮或环足。钮与足均饰以三
角雷纹，盖顶正中饰以涡纹，
由内向外饰以斜角雷纹、垂叶
状兽面纹，两弦纹间刻鹈鹕一
只，作张口捕鱼状，极富动
感，是战国时期燕国青铜器的
代表作。该器出土于北京延
庆，现藏首都博物馆。（图
204）鹈鹕是一种捕鱼的鸟，
俗称鱼鹰。

图 204　鹈鹕鱼纹敦（战国）

鹖（鶡）hé。鸟名。【鹖
冠】以鹖羽为饰
之冠。《后汉书·舆服志》：
"武冠，俗谓之大冠，环缨无
蕤（ruí），以青系为绲（gǔn）

加双鹖尾，竖左右，为鹖冠云。五官、左右虎贲、羽林、五中郎将、羽林左右监皆冠鹖冠，纱縠（hú）单衣。"

鹠（鶌）jí。鸟名。参见128页"鸰"条"鹠鸰"。

鹫jiù。【鹫峰寺塔】宋代建筑。位于四川省蓬溪县赤城镇白塔街。建于南宋嘉泰四年（1204）。该塔坐西向东，为砖石结构、方形十三级楼阁式塔，分为塔基、塔身和塔刹三部分。历800余年，仅各层塔檐有局部损伤，充分体现了中国传统建筑技术水平。2006年公布为全国重点文物保护单位。

鸂（鸂）xī。鸂鶆（chì），水鸟名。形大于鸳鸯，而多紫色，好并游，俗称紫鸳鸯。【荷塘鸂鶆图】宋人画作。绢本，设色。无款印。作者佚名。该画现藏于北京故宫博物院。

鶆qú。同"鸲"。鶆鸰（yù），鸟名，俗称八哥。参见129页"鸲"条。【秋树鶆鸰图】宋代扇面。作者佚名。纨扇页，绢本，设色，现藏北京故宫博物院。

疖（癤）jiē。疮疖。巢元方《诸病源候论·小儿杂病诸候》："肿结长一寸至二寸，名之为疖。亦如痈热痛，久则脓溃，捻脓血尽便瘥（chài）。"【疖腫（zhǒng）帖】东晋王荟书法作品。纸质，行草。共4行，23字。现藏于辽宁省博物馆。王荟（生卒年不详），东晋书法家，字敬文，琅玡（今山东临沂）人，东晋名臣王导之子。

痕yùn。【师痕簋盖】西周中期青铜食器。隆盖，圈形捉手。边沿饰鸟纹带，鸟作顾首垂冠分尾状。盖内有铭文102字，其中"师痕"为作器者名。1963年陕西武功出土。（图205）

图205　师痕簋盖（西周中期）

瘗（瘞）yì。埋藏，埋葬。【瘗鹤铭】南朝摩崖石刻。刻于梁天监十三年（514）。楷书，88字。是古人为葬鹤而写的一篇铭文。传为陶弘景书。原刻于江苏镇江焦山西麓崖石上，宋时被雷击崩落长江，石碎为五。清代康熙五十二年（1713）由陈鹏年募工移置山上，后砌入定慧寺壁间。

瘚　xīng。【瘚簋】西周中期青铜食器。同出者共8件，形制、纹饰、铭文、大小基本相同。低体宽腹，下连方座，两耳作兽首形，兽角呈螺状。口沿、盖沿饰鳞纹，腹部、盖面及方座饰瓦棱纹。器、盖各铸铭文6行44字，其中"瘚"为作器者名。该器1976年出土于陕西扶风县庄白一号青铜器窖藏。现藏陕西历史博物馆。（图206）

图206　瘚簋（西周中期）

竑　hóng。【唐元竑】（生卒年不详），明代书画家。字远生。湖州乌程（今浙江湖州）人。作品有《草书千字文》。

宥　yòu。【元宥墓志】北魏墓志铭。全称《魏故征北将军相州刺史元君之墓志铭》。现藏中国国家博物馆。元宥（493—525），字显恩，河南洛阳人。北魏太宗元皇帝之玄孙，武泰元年秋七月葬于西陵。

窠　kē。【庄窠遗址】又名庄窠堡遗址。位于河北省张家口市蔚县。有仰韶、龙山、商代早期、汉和辽等时期的遗存，还有夏家店下层文化的遗物。1982年公布为河北省文物保护单位。

袆（褘）　huī。1. 王后从王祭祀时所穿的祭服，绘有野鸡图纹。（图207）《周礼·天官·内司服》："掌王后之六服，袆衣、揄（yáo）狄、阙狄、鞠衣、展衣、缘衣、素纱。"

图207　袆

2. 佩巾。佩于前身可以蔽膝，故也称蔽膝。

衲 nà。【百衲琴】琴名。以桐木片合漆胶成的琴。百衲，本指僧衣，后指用多材料集成完整物的方式。四川博物院现藏一枚五代时期"引凤"百衲琴。此琴为伏羲式，通体呈棕黄色，未髹漆。螺钿十三徽，张弦七根，七枚轸为牙骨、琴底面首部阴刻有楷书"引凤"二字，旁左侧刻有"铁侠"铭。

袴 kù。古代指左右各一，分裹两胫的套裤，以别于满裆的"裈"。（图 208）《礼记·内则》："衣不帛襦（rú）袴。"

图 208　袴

裈（褌） kūn。满裆裤，以别于无裆的套裤而言。【犊鼻裈】一种并不缝出裤管，仅以一幅布缠于腰股之间的装束。（图 209）

图 209　犊鼻裈

襐 xiàng。装饰。《广雅·释诂》："襐，饰也。"【襐服】即象服。指绣绘有彩色花纹的衣服。（图 210）

图 210　襐服

褫 zhǐ。祭祀时官员所穿的衣服。《隋书·仪礼志》："褫冕，服三章。正三品已下，从五品已上，助祭则服之。"

襕（襴、襽） lán。古代衣与裳相连的长衣下摆所加的作为下裳形制的横幅，称为襕。加襕之制，始于北周而定于唐。《新唐书·车服志》："《礼》无服衫之文，三代之制有深衣。请加襕、袖、襟（biǎo）、襈（zhuàn），为士人上服。"后也指襕衫、襕袍。

襚 suì。送给死者的车马、衣衾等物。《周礼·天官·小宰》："丧荒，受其含襚币玉之事。"

襜 chān。系在衣服前面的围裙。《诗经·小雅·采绿》："终朝采蓝，不盈一襜。"【襜褕（yú）】丝织品。古代一种较长的单衣。有直裾和曲裾二式，为男女通用的非正朝之服。（图211）《史记·魏其武安侯列传》："元朔三年，武安侯坐衣襜褕入宫，不敬。"

（女）

图211 襜褕

矜 qín。矛或戟的柄。《淮南子·兵略训》："伐棘枣而为矜，周锥凿而为刃。"高诱注："矜，矛柄。"

耒 lěi。古代翻土工具。形如杈，上有曲柄，下为犁头。用以松土，木制。（图212）《管子·海王篇》："耕者……

（男）

柄

肩

齿

铁刃

图212 耒

必有一耒、一耜（sì）、一铫
（yáo），若其事立。"

耛 tīng。即耜，耒下铲土部
件。《集韵·青韵》："耛，
耒下木也。"一说为一种曲柄、
双刃的木质农具。

耜 sì。耒下铲土的部件，初
以木制，后以金属制作，
可拆卸置换。（图213）一说，
耒、耜为独立的两种翻土农
具。《周易·系辞下》："神农
氏作，斲（zhuó）木为耜，揉
木为耒。"

图213　耜

枷（枷）jiā。连枷，一种
用以打谷脱粒的
竹木质农具。《国语·齐语》：
"令夫农，群萃而州处，察其
四时，权节其用，耒耜枷芟

（shān），及寒，击菒（gǎo）
除田，以待时耕。"

耨（耨）nòu。小手锄。一
种用来除草的小
型农具。（图214）《国语·齐
语》："时雨既至，挟其枪、
刈（yì）、耨、镈，以旦暮从
事于田野。"

图214　耨

櫌（櫌）yōu。木质农具。
形如榔头，用以
击碎土块，平整土地和覆种。
（图215）《淮南子·氾论训》：
"后世为之耒耜櫌鉏，斧柯而
樵，桔皋而汲，民逸而利多
焉。"

图215　櫌

耷 dā。【朱耷】（1626—
1705），清代画家。号八
大山人、雪个、驴屋、道朗、
良月、破云樵者等。江西南昌
人。绘画以水墨大写意著称，
并善于泼墨，尤以花鸟画称美
于世。作品有《古梅图》、《甲

子花鸟册》、《墨花卷》等。

臤 xián。【臤尊】西周中期青铜酒器。一名臤觯。侈口，垂腹，圈足。颈有弦纹两道，前后各饰一兽首。腹内底有铭文 5 行 53 字，其中"臤"为作器者名。该器现收藏于上海博物馆。

頔 dí。【于頔】（？—818），唐代书法家。字允元，河南洛阳人。擅书法，作品有《唐秀州嘉兴县宝华寺碑》。

頫 fǔ。【赵孟頫】（1254—1322），元代书画家、文学家。字子昂，号松雪道人、水精宫道人，中年曾署孟俯。吴兴（今浙江湖州）人。作品有《楷书洛神赋》、《楷书道德经》、《重江叠嶂图》、《鹊华秋色》、《松雪斋文集》等。

頳（頴） yóng。【致惟頳札】李应祯（zhēn）书法作品。纸本，行书。共10 行 77 字。内容为李应祯致惟頳的书信。李应祯（1431—1439），明代书法家。初名甡（shēn），字应祯，更字贞伯，号范庵。长洲（今江苏苏州）人。传世作品有《致宪使大人张兄尺牍》、《致匏庵先生尺牍》、《明日帖》等存世。【李頴墓】清代墓葬。位于陕西省

周至县，1956 年公布为陕西省文物保护单位。李颙（1627—1705），明清之际哲学家。字中孚，号二曲。陕西周至（今陕西西安）人。与孙奇逢、黄宗羲并称三大儒。

顓 zhuān。颛顼（xū），传说中的上古五帝之一。《史记·五帝本纪》："帝颛顼高阳者，黄帝之孙而昌意之子也。"【颛顼帝喾（kù）陵】古代陵庙。位于河南省安阳市濮阳县城西北内黄县梁庄乡，在此先后发现元、明、清时期的遗物，内容多为历代王朝派遣特使来此祭奠的祭文、历代重修陵庙的庙记，以及文人墨客的拜谒赋诗。地下还发现有仰韶文化和龙山文化遗存。2000 年公布为河南省文物保护单位。颛顼、帝喾，均为我国传说时代五帝之一。

盧 cuó。【大师盧簋】西周中期青铜食器。低体宽腹，双兽首耳，圈足。全器饰瓦棱纹。盖器同铭，各铸有铭文 7行 70 字，其中"大师盧"为作器者名。该器 1941 年出土于陕西西安，著录传世共两件，今分别藏于上海博物馆和北京故宫博物院。（图216）

图216　大师虘簋（西周中期）

虡 jù。1. 亦作"鐻"。古时悬钟鼓木架的两侧立柱。《诗经·周颂·有瞽》："设业设虡，崇牙树羽。"2. 一种较高的几案。《方言》卷五："榻前几，江沔之间谓之桯（tīng），赵魏之间谓之椸（yí），凡其高者谓之虡。"【虡业】古时悬挂钟鼓的木架。《诗经·大雅·灵台》："虡业维枞（cōng），贲鼓维镛。"（图217）【少虡剑】春秋时期晋国青铜

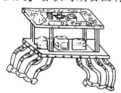

图217　虡业

兵器。腊长，脊在两从间下陷，从宽，前锷为狭。格为倒"凹"字形，圆茎无箍，剑首圆。格饰绿松石，格、首均饰兽面纹。脊两面有错金铭文20字，解释少虡剑得名之由。

1923年山西浑源李峪村出土，现收藏于中国国家博物馆。（图218）已知同铭剑有多件。

图218　少虡剑（春秋）

鼭 yú。同"虞"。【工鼭季生匜】春秋晚期青铜水器。椭圆体，平底，流作封顶式兽首形，卷尾龙形鋬，器腹饰变形蟠蛇纹。器内底铸铭文1行9字，其中"工鼭"为吴国自号，文献多作"勾吴"或"句吴"，金文又作"攻敔（yǔ）"。故地在今苏皖两省长江以南部分，极盛时据有苏皖两省全境及赣东北部分地区。"季生"为作器者私名。该器1985年出土于江苏盱眙旧铺，现藏江苏盱眙（xū yí）县文化馆。（图219）

图219　工鼭季生匜（春秋晚期）

虬 qiú。【龙虬庄遗址】新石器时代遗址。位于江苏省高邮市龙虬镇北首。距今

7000—5000 年。遗址分为居住区和墓葬区，发掘出土大量珍贵文物。遗址总面积 43000 平方米。该遗址对研究江淮地区的史前文化具有重要意义。2006 年公布为国家重点文物保护单位。

蚆 pā。【蚆虸】传说中的动物。龙生九子之一。传说其性喜戏水，故古建筑的排水沟的沟头常被雕刻成其形象。

虸 xiā。传说中的动物。参见本页"蚆"条"蚆虸"。

虺 huǐ。古称蝮蛇一类的毒蛇，泛指蛇类动物。【蟠虺纹】青铜器纹饰之一。又称"蛇纹"。以两条或两条以上的小蛇互相蟠绕，构成几何图形。有作二方连续者，有作四方连续者，布满全器。流行于春秋中晚期至战国早期。（图 220）1980 年河北怀来甘子堡曾出土春秋、战国之际蟠虺纹匜一件。匜口呈梨形，流短粗，鋬为夔龙形，圈底，底附四兽足。腹部饰一组蟠虺纹。该器现藏河北张家口市博物馆。

图 220　蟠虺纹

蛳 sī。【顶蛳山遗址】新石器时代遗址。位于广西壮族自治区邕宁县。总面积约 4000 多平方米，包括前后承继的四个发展阶段，代表了岭南地区距今 10000—6000 年的史前文化发展序列。是广西境内保存面积最大，出土遗物、遗迹最丰富，最有代表性的新石器时代贝丘遗址之一。该遗址 2001 年公布为全国重点文物保护单位。

螭 chī。传说中没有角的龙。《说文·虫部》："螭，若龙而黄，北方谓之地蝼。"【蟠螭纹】青铜器常见纹饰之一。又称"交龙纹"。以两条或两条以上的小龙互相蟠绕，组成一个纹饰单元，再重复出现构成带状，或密布于器表。小龙均张口，上唇上卷，或垂舌。有的有角，有的无角。流行于春秋中晚期至战国早期。（图 221）

图 221　蟠螭纹

蟠 pán。盘曲错结。青铜器纹饰中常见蟠螭纹、蟠虺纹，为蟠绕密布的龙、蛇形象。详见本页"虺"条"蟠虺纹"及本页"螭"条"蟠螭纹"。

嬴 luǒ。【嬴室】明代杜琼画作。《南邨（cūn）别墅图册》十景之一，纸本，墨笔设色。该图册系依据陶宗仪撰《南邨别墅十景咏》景而图写，现藏于上海博物馆。杜琼（1396—1474），明代画家，字用嘉，号东原耕者、鹿冠道人、五坞山人、延绿亭主人，人称"东原先生"。吴县（今江苏苏州）人。作品有《天香深处图》等。

蠚 ruò。古国名，文献通作"鄀"。有上鄀、下鄀之分。金文下鄀皆作"蠚"，地在今河南省内乡县、陕西省商州市之间。后灭于晋，为晋邑。上鄀，参见 14 页"鄀"条。

缶（瓶） fǒu。1. 流行于春秋战国的青铜水器或酒器。器形基本特征为：敛口、广肩、高体、圆腹、平底、有盖。腹上有四环耳。器形与罍近似而无颈，也有方形的缶。2. 一种陶质的打击乐器。（图 222）《周易·离卦》九三："日昃（zè）之离，不鼓缶而歌，则大耋（dié）之嗟，凶。"《诗经·陈风·宛丘》："坎其击缶，宛丘之道。"

图 222　缶

鈃 xíng。亦作"钘"，古代青铜酒器。《玉篇·缶部》："鈃，酒器，似钟而项长。"详见 107 页"钘"条。

罉 dān。【齐国差罉】春秋时期齐国青铜酒器。敛口、短直颈，口沿宽而平折，宽斜折肩，腹部宽阔，上腹壁近直，下腹部圆转收成底，底圈近平，上腹壁作四兽面铺首衔环。肩有铭文 52 字、口上 1 字。为臣子送给齐国执政上卿国差（文献作"国佐"）的贺礼。器有铭文自名为罉，并言其用途是"用实旨酒"，足见其为酒器。青铜器中自名为罉

图 223　齐国差罉（春秋）

者仅此一例。该器现藏台北故宫博物院。（图 223）

罍 léi。古代青铜酒器。青铜器中有自名为罍者，亦有宋人定名为罍者，其基本特征为：敛口，直颈或微斜，折肩或圆肩，器身最大径（或最宽处）在肩腹结合处，腹壁自此向下斜内收。罍有方形和圆形两种。现考古可见最早的罍出现于二里冈上层，流行至战国时期。（图 224）

图 224　罍

罏 líng。西周晚期至春秋时期青铜酒器。青铜器中有自名为罏者，基本特征为：敛口，口沿平而外折，短颈，宽肩，肩上有双耳，腹最大径在肩底与上腹交接处或上腹部，下腹收敛。形制与罍近同。汉代也有名罏的陶器。《说文·缶部》："罏，瓦器也。"

蓝 zhǐ。【史蓝簋】西周早期青铜食器。侈口，鼓腹，两耳，垂长珥，圈足。口沿下饰夔龙纹，有兽首隆起。腹饰兽面纹，圈足饰夔龙纹。器内底铸铭文 23 字，其中"史蓝"为作器者名。该器 1976 年出土于陕西省岐山贺家村，现藏陕西省历史博物馆。（图 225）

图 225　史蓝簋（西周早期）

竽 yú。古代吹奏乐器。竹木质，形似笙而较大。竽斗、竽嘴皆木制，竽管下部有簧片，前后两排插在木制的竽斗上。战国至汉代曾广泛流传。（图 226）《韩非子·解

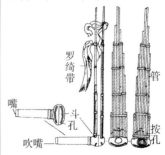

图 226　竽

老》："笙也者，五声之长者也，故笙先则钟瑟皆随，笙唱则诸乐皆和。"汉代陶俑石刻中多有吹笙的形象。

笲（笲）jī。古代的一种簪子，用来插住挽起的头发，或插住帽子。有玉质、骨质等质地。（图227）《仪礼·士冠礼》："皮弁笄，爵弁笄。"郑玄注："笄，今之簪。"

图227　笲

笫zǐ。竹编的床垫。《左传·襄公二十七年》："床笫之言不逾阈（yù，门槛），况在野乎？非使人之所得闻也。"

笏hù。古代朝见时大臣所执的手板，用以记事。多玉质或骨质。《礼记·玉藻》："凡有指画于君前，用笏，造受命于君前，则书于笏，笏毕用也，因饰焉。"【十笏园】明至清代北方园林建筑。始建于明代，原是明朝嘉靖年间刑部郎中胡邦佐的故宅。后于清光绪十一年（1885）被潍县首富丁善宝以重金购得，称为"丁家花园"。

位于山东省潍坊市。坐北向南，青砖灰瓦，主体是砖木结构，总建筑面积约2000平方米。"十笏"一词出自《法苑珠林·感通篇》，比喻以笏丈量宅基，只有十笏，用以形容建筑面积之小。1988年公布为全国重点文物保护单位。

筇qióng。【筇竹寺】清代寺庙建筑。位于云南省昆明西北郊玉案山上。传说该寺始建于唐代。现存建筑多为清代重建。筇竹寺以其寺内的五百罗汉彩塑而闻名于世，为五彩泥塑艺术珍品，被誉为"东方雕塑宝库中的明珠"。2001年公布为全国重点文物保护单位。筇竹，又叫罗汉竹，实心，节高，宜于作拐杖。

笪dá。【笪重光】（1623—1692），清代画家。字在辛，号江上外史、郁冈扫叶道人，晚年改名传光、蟾光，署逸光。江苏句容人。作品有《书筏》、《画筌》等。

笙shēng。古代管乐器。由簧片、笙管、斗子三部分组成。笙管为长短不一的竹管。有圆形、方形等多种形制，簧管自十三至十九根不等。奏时手按指孔，吹吸振动簧片而发音。能奏和音。是民间器乐合奏中的重要乐器。后经改革，有二十四簧笙、三十六簧键钮笙等。也用于独奏。（图228）《诗经·小雅·鹿鸣》："我有嘉宾，鼓瑟吹笙。"

图228　笙

笭 líng。1. 通"軨"。车轼下面纵横交结的竹木条。《说文·竹部》："笭，车笭也。"2. 古代船舱中放器物的床形衬板。《释名·释船》："舟中床以荐物者曰笭。"

笥 sì。盛衣物或饭食的方形竹器。外形像带盖的扁箱子，或有漆绘。（图229）

图229　笥

《汉书·贡禹传》："故时齐三服官输物不过十笥，方今齐三服官作工各数千人，一岁费数巨万。"

箷 jiā。【胡箷】古代管乐器。类似笛子。汉时流行于塞北和西域一带。传说为春秋时李伯阳避乱西戎时所造，汉代始由张骞自西域传入。其音悲凉。后形制递变，名称亦各异。魏晋以后以箷、笛为军乐，入卤簿。

笲（匚） fán。古代一种形制似筥（jǔ）的圆形竹制盛器。新妇向公婆行贽礼时常用以盛干果等。（图230）《仪礼·士昏礼》："妇执笲枣、栗，自门入，升自西阶进拜，奠于席。"

图230　笲

筚（篳） bì。【筚篥（lì）】以竹为管的乐器。

管口插有芦制哨子，有九孔。又称"觱（bì）篥"、"笳管"、"头管"。本出西域龟兹，后传入内地，为隋唐燕乐及唐宋教坊乐的重要簧管乐器。（图231）《北史·高丽传》："乐有五弦、琴、筝、竽篥、横吹、箫、鼓之属，吹芦以曲"。

图 231　竽篥

笪（簹）dāng。竹子。【筼（yún）笪】皮薄、节长而竿高的竹子，一般生长在水边。东汉·杨孚《异物志》："筼笪生水边，长数丈，围一尺五六寸，一节相去六七尺，或相去一丈，庐陵界有之。"【筼笪清影图】元代吴镇画作。纸本，水墨。现藏台北故宫博物院。吴镇（1280—1354），元代画家。字仲圭，号梅花道人。嘉兴魏塘（今浙江嘉兴）人。作品有《渔父图》、《清江春晓图》、《秋江渔隐图》、《双松平远图》等。

筌quán。【黄筌】（903—965），五代后蜀画家。字要叔。四川成都人。作品有《写生珍禽图》等。

筘luò。竹笼。用以盛杯盘，也可用以熏衣。又称籅。（图232）《说文·竹部》："筘，杯筘也。"

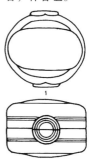

图 232　筘

筝zhēng。又称古筝、秦筝。我国古老的弹拨乐器之一，流传至今已有两千多年。筝在汉、晋以前设十二弦，后增至十三弦、十五弦、十六弦及二十一弦。（图233）张平子《南都赋》："弹筝吹笙，更为新声。"

图 233　筝

筍 sǔn。古代悬挂钟、磬、镈、钲等乐器的横木。(图234)《周礼·考工记·梓人》："梓人为筍虡（jù）。"郑玄注："乐器所县（悬），横曰筍，植曰虡。"【筍侯匜】西周中期青铜水器。长槽形流，深腹圆底，下承四扁兽足，后有龙形鋬。口下饰横向鳞纹，腹饰横瓦棱纹。器底铸铭文3行14字。筍侯，文献作"荀侯"或"郇（xún）侯"。1974年山西闻喜上郭村出土，现藏于山西省考古研究所。

图234　筍

筭(笇) suàn。古代计数用的筹码，多用竹子制成。(图235)《山海经·海外东经》："竖亥右手把筭，左手指青丘北。"

筯 zhù。同"箸"，筷子。多用竹、木制作，名贵者以象牙、银、铜等制成。

筼(篔) yún。【筼筜（dāng）清影图】元代吴镇画作。详见143页"筜"条"筼筜清影图"。

篠(篠) xiǎo。小竹；细竹。可以制箭。【霜篠寒雏图】南宋画作。绢本，设色。无款，作者不详。鉴藏印钤："宋荦（luò，参见23页"荦"条"宋荦"）审定。"裱边题签："宋人画霜篠寒雏。"该画现藏北京故宫博物院。

箖 fū。旧时纺车上用来络丝的工具，多为木质或竹质。《说文·竹部》："箖，莛（tíng）也。"【箖车】将箖与绳轮连接的装置。(图236)

图235　筭

图236　箖车

筦 guǎn。亦作"管"，像笛、绕丝的管乐器。《六书故》："筦，络纬之筦也。"

筤 ①láng。1. 古代车盖的竹骨架。《广韵·唐韵》："筤，车篮。"2. 幼竹，亦指竹丛。【筤谷图】清代罗聘画作。纸本，水墨。罗聘（1733—1799），清代画家。字遯（dùn）夫，号两峰，别号花之寺僧、金牛山人、衣运道人、蓼州渔父。江苏甘泉（今江苏扬州）人，"扬州八怪"之一。②làng。古仪仗中的伞盖。皇帝出行时，执从于辇后，用以障尘蔽日。宋·沈括《梦溪笔谈》："筤，两扇夹心，通谓之'扇筤'：皆绣，亦有销金者，即古之'华盖'也。"

筩 ①tǒng。1. 筒状物。汉·赵岐《三辅决录》："前队大夫范仲公，盐豉蒜果共一

图237　提筩

筩。"2. 指仅有小口供存贮之器。《汉书·赵广汉传》："又教吏为缿（xiàng）筩，及得投书，削其主名，而托以为豪桀大姓子弟所言。"【提筩】越式酒器。器身为直筒形，平底。有陶质、铜质两种质地。（图237）【展筩】古代"通天冠"、"法冠"等礼冠上的一种饰物。（图238）《后汉书·舆服志》："通天冠，高九寸，正竖，顶少邪却，乃直下为铁卷梁，前有山，展筩为述，乘舆所常服。"②yǒng。盛箭用具。

介帻
颜题
白笔
梁
展筩
耳
缨

图238　冠示意图

箧（篋） qiè。竹木质藏物器。椭圆形，有盖，上有图案。大者曰箱，小者曰箧。（图239）《庄子·胠（qū）箧篇》："然而巨盗至，则负匮（guì）揭箧担囊而趋。"

图 239　箧

算 bì。即箅子。蒸锅中的竹屉。后指有空隙而能起间隔作用的器具。（图 240）

图 240　箅子

箙 fú。盛箭袋。（图 241）《周礼·夏官·司弓矢》："中秋献矢箙。"郑玄注："箙，盛矢器也，以兽皮为之。"【戍箙卣】商代晚期青铜酒器。隆盖高缘，鼓腹下垂，圈足。劲纵向置龙首提梁，提梁饰龙纹。自盖至圈足

设扉棱四道。器及盖上饰浮雕兽面纹。盖沿、器颈、圈足上分别饰以不同形态的龙纹和鸟纹。提梁纵向装置。盖两侧挑出双角。盖内铸铭文"戍箙"两字，当是作器者族徽。该器现藏上海博物馆。（图 242）

图 241　箙

图 242　戍箙卣（商代晚期）

箪（簞） dān。古代盛食器，用竹或苇编成，圆形有盖。（图 243）《孟子·梁惠王下》："以万乘之国伐万乘之国，箪食壶浆以迎王师，岂有他哉，避水火也。"

图 243　篅

箜 kōng。【箜篌】古代拨弦乐器，又称"空侯"或"坎侯"。有卧箜篌、竖箜篌、凤首箜篌三种形制。古代除用于宫廷雅乐外，在民间也广泛流传。（图 244）

图 244　箜篌

葒 gū。即箛，汉代无指孔的直吹管乐器。（图245）

图 245　葒

245）《说文·竹部》："箛，吹鞭也。"

箴 zhēn。【宝箴塞】清至民国建筑。位于四川省武胜县宝箴塞乡方家沟村。始建于清宣统三年（1911）。依山而建，是一处集军事防御、生活起居于一体的全封闭式川东民居建筑群，具有闽南团城建筑风格。2006 年公布为国家重点文物保护单位。【女史箴图】东晋顾恺之作。绢本，设色。原作已佚，现存有唐代摹本，原有 12 段，因年代久远，现存仅剩 9 段。故宫博物院另藏有宋代摹本。顾恺之，参见40 页"恺"条。

篅 chuán。盛谷物的圆形容器，似囷。多用竹、木、泥为材料制成。（图246）《说文·竹部》："篅，以判竹圜以盛谷也。"

图 246　篅

篁 huáng。泛指竹子。【幽篁坐啸图】清代禹之鼎画作，绢本，设色。禹之鼎（1647—1716），清代画家。字尚吉，一字尚基，一作尚稽，号慎斋。江苏兴化人，后寄籍江都。擅山水、人物、花鸟、走兽，尤精肖像。作品有《骑牛南还图》、《放鹇（xián）图》、《王原祁艺菊图》等。

【秋篲古石图】清代吴历画作。立轴，水墨，纸本。吴历（1632—1718），清代书画家。详见 23 页"篔"条。

篌 hóu。古代拨弦乐器。详见 147 页"箜"条"箜篌"。

篚 fěi。竹器。有足，古代盛物的器具。（图 247）《尚书·禹贡》："厥贡漆丝，厥篚织文。"

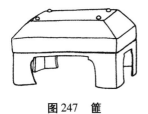

图 247　篚

篲 xì。【篲（jīng）篲编钟】春秋晚期楚国青铜乐器。合瓦形钟体，鼻钮上饰涡云纹。每面各有 18 个枚，舞、篆部饰变形蟠蛇纹，以圆涡纹、绳索纹为地。辖正面为一兽首，后有长方形插销。此钟同出 13 枚，附 13 个兽首铜辖（悬挂编钟的钩鞘）。形制相同，大小依次减小。最大者两面铸有铭文 12 字。"篲篲"即"荆厤（lì）"，也就是楚历的意思。该器 1957 年出土于河南信阳长台关，现藏中国国家博物馆。

篥 lì。以竹为管的乐器。详见 142 页"筚"条"筚篥"。

篯 jiān。【汪篯】（1813—1864），清代画家、篆刻家。字伯年，号百研，晚号碉庵居士，又号年道士、南湖老渔。钱塘（今江苏杭州）人。兼善篆、隶，尤精篆刻。时与吴咨、赵之谦合称"三杰"。作品有《水莩花馆集》、《枪山韵水草堂诗文集》等。

篪（箎、竾、籆）chí。古代竹制的管乐器之一。像笛，横吹。其开孔数及尺寸古书记载不一。（图 248）《尔雅·释乐》："大篪谓之沂。"郭璞注："篪，以竹为之。长尺四寸，围三寸。一孔上出一寸三分，名翘。横吹之。小者尺二寸。"《广雅》云八孔。"

◎〔image〕◎

图248　簏

篲　huì。扫帚。《史记·高祖本纪》："后高祖朝，太公拥篲迎门却行。"汉画像砖石上常见拥篲图。（图249）

图249　拥篲图

簧　huáng。1. 乐器里用金属或其他材料制成的发声薄片。《诗经·小雅·鹿鸣》："吹笙鼓簧，承筐是将。"2. 笙，竽。《诗经·王风·君子阳阳》："君子阳阳，左执簧，右招我由房，其乐只且。"

簃　yí。【唐石簃】陈衡恪的画室。陈衡恪（1876—1923），近代画家。字师曾，号槐堂，又号朽道人或朽者。祖籍今江西修水。工篆刻、诗文和书法，长于绘画。作品有《墨兰图》、《染仓室印存》《中国绘画史》、《清代山水画之派别》、《清代花卉画之派别》等。

簏　lù。盛器物的竹器。（图250）《楚辞·九叹·愍命》："莞（guān）芎（xiōng）弃于泽洲兮，爬蠡（lí）蠹（dù）于筐簏。"王逸注："方为筐，圆为簏。"

图250　簏

簋　guǐ。同"毁"或"毁"，古代青铜食器。祭祀、宴享时盛黍稷食粮，是商周时期重要的礼器。现在所见最早的青铜簋出现于二里冈时期。商代早期，簋多为圆形，侈口，深腹，圈足；到了商代晚期，双耳簋开始增多。西周时期是簋的盛行时期，不仅出土数量增多，而且形制亦趋复杂，除双耳圈足簋外，还出现了四耳簋、三足簋、四足簋和方座簋等；西周中期后多有盖。至战国后始衰落。常与鼎组合使用，如天子九鼎八簋、诸侯七鼎六簋。新石器时代后期，已有陶簋出现，商周时期陶簋多仿青铜簋，用作陪葬等。（图251）

图251 簋

簠 fǔ。古代青铜食器，祭祀、宴享时盛黍稷稻粱。簠之主要特征为大口，长方形斗状，器盖同形，可以相互扣合，盖口周围多有小兽钮下垂，盖、器两短边均有半环形耳或环耳。流行于西周晚期至战国时期，后世有仿制。（图252）《周礼·地官·舍人》：

"凡祭祀，共簠、簋，实之陈之。"郑玄注："方曰簠，圆曰簋，盛黍稷稻粱器。"【郑簠】（1622—1693），清代书法家。字汝器，号谷口。江苏上元（今江苏南京）人。工书法。作品有《朱砂隶》、《卜居诗》、《浣溪少词》等。

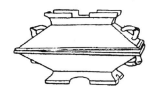

图252 簠

簪（先、簪） zān。古人用来绾（wǎn）定发髻或冠的长针。后来专指妇女绾髻的首饰。质地有铜、金、银、骨、竹等。（图253）《韩非子·内储说上》："周主亡玉簪，商太宰论牛矢。"【簪花仕女图】传为唐代周昉（fǎng）画作。横轴，绢本设色。现收藏于辽宁省博物馆。该画取材于唐代贵

图253 簪

族仕女游乐的典型生活。周昉（生卒年不详），唐代画家。字仲朗，一字景玄。京兆（今陕西西安）人。工仕女，长于佛像。作品有《五星真形图》、《杨妃出浴图》、《妃子数鹦鹉图》等。

簨 sǔn。古代悬挂钟磬架子的横杆。宋·欧阳修《书梅圣俞稿后》："今指其器以问于工曰：'彼簨者、簴者、堵而编执而列者，何也？'彼必曰：'鼗（táo）鼓、钟磬、丝管、干戚也。'"　【簨虡（jù）】亦作簨簴。古代悬挂钟磬鼓的木架。横杆叫簨，直柱叫虡。《礼记·明堂位》："夏后氏之龙簨虡。"郑玄注："簨虡，所以悬钟鼓也。横曰簨，饰之以鳞属；植曰虡，饰之以赢（luǒ）属、羽属。"

簴 jù。亦作"虡"，古时悬钟鼓木架的两侧立柱。《汉书·司马相如传》："撞千石之钟，立万石之簴。"参见137页"虡"条。

籧 jǔ。通"筥"。圆形的竹器。《礼记·月令》："（季春之月）具曲植籧筐。"郑玄注："时所以养蚕器也。"陆德明释文："籧，亦作筥。方曰筐，圆曰筥。"　【籧篨（chú）】用苇或竹编的粗席。《晋书·皇甫谧传》："气绝之后，便即时服，幅巾故衣，以籧篨裹尸，麻约二头，置尸床上。"

籣 lán。古代盛弩箭的器具，可背负。《汉书·韩延寿传》："令骑士兵车四面营陈，被甲鞮（dī）鍪（móu）居马上，抱弩负籣。"　【兵籣】摆放兵器的架子。栏杆式，上有插孔便于插放兵器。（图254）

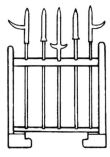

图254　兵籣

籥 yuè。1. 古管乐器。甲骨文作"龠"。象编管之形，似为排箫之前身。有吹籥、舞籥两种。吹籥似笛而短小，三孔；舞籥较长而六孔，可执作舞具。《诗经·邶风·简兮》："左手执籥，右手秉翟。"孔颖达疏："籥虽吹器，舞时与羽并执,故得舞名。"
2. 古代量器。圆口,平底,有长柄,柄端有环。陕西咸阳底张湾曾出土"始建国铜籥"一件,为新莽时期青铜量器。外壁刻有精美的夔凤纹。(图255)

图255　始建国铜籥(新莽)

畲 chā。古代农具。用于插地起土,即锹。(图256)《汉书·沟洫志》:"举畲为云,决渠为雨。"【畲筑】锹与捣土的杵。泛指掘土与捣土的器具。《后汉书·张衡传》:"士或解褍(shù)褐而袭黼(fú)黻(fú),或委畲筑而据文轩者,度德拜爵,量绩受禄也。"

图256　畲

舄(舄) xì。古代一种以木为复底的鞋。晋·崔豹《古今注·舆服》:"舄,以木置履下,干腊不畏泥湿也。"后为鞋的通称。

舆(輿) yú。即车厢。舆置于轴中部,平面呈长方形,即载人载物的部分。

礨 xǐ。【中山王礨鼎】战国中期食器。铜身铁足,圆腹圜底,附耳,兽蹄足,覆钵形盖,顶有三环钮。自盖至腹有铭文77行469字,是我国至今为止发现的最大的铁足铜鼎。此器1977年出土于河北平山县中山王礨墓。现藏河北省文物研究所。(图257)礨为战国时期中山国国君名。

图257　中山王鼎(战国中期)

枲 jì。【窦枲】(?—769),唐代书法家、书法理论家。字灵长。范阳(今河北定兴)人,一说扶风(今陕西麟游以西)人。工书,师承张芝、王羲之。作品有《华阳三洞景昭大法师碑》、《述书赋》等。

舸 gě。大船。【秋舸清啸图轴】元代画家盛懋(mào)画作。绢本,设色,现藏上海博物馆。盛懋(生卒年不详),元代画家。字子昭。浙江嘉兴人。作品有《秋林高士图》、《秋江待渡图》等。

艅 yú。【小臣艅犀尊】商代晚期青铜酒器。器作犀牛形，背开口，盖佚失，素体无纹。是著名的"梁山七器"之一。腹内铸铭文 27 字，记述商王征伐夷方之事，其中"小臣艅"为作器者名。传此器为清咸丰年间（一说道光年间）山东梁山寿张县（今山东梁山县寿张镇）出土。现藏美国旧金山亚洲艺术博物馆。（图 258）

图 258　小臣艅犀尊（商代晚期）

衮 gǔn。【衮雪】汉代摩崖石刻。原位于陕西汉中褒谷石门，为"石门十三品"之一。"衮雪"二字传为曹操所书。"石门十三品"又名"汉魏十三品"，是 1970 年修建汉中石门水库时，从石门栈道及褒河两岸汉魏到明清时期的百余摩崖石刻中切割下来的十三件书法石刻珍品，现收藏于汉中博物馆。【金衮】即金俊明（1602—1675），明末清初画家。原名金衮，字孝章，一作九章，后改俊明，号耿庵，自称不寐道人。江南吴县（今江苏苏州）人。工诗古文兼善书画，尤长于墨梅。作品有《梅花册》、《墨梅册》、《岁寒三友图》、《春草闲堂集》、《退量稿》、《阐幽录》、《康济谱》等。

羯 jié。古代族群名。【羯鼓】起源于西域的打击乐器。两面蒙皮，腰部细，用公羊皮做鼓皮，因此叫羯鼓。又说来源于羯族，故名。古时，龟兹、高昌、疏勒、天竺等地的居民都使用羯鼓。南北朝时经西域传入中原，盛行于唐开元、天宝年间。《通典·乐四》："羯鼓，正如漆桶，两头俱击。以出羯中，故号羯鼓，亦谓之两杖鼓。"【摩羯】印度神话中水神的坐骑。其头部似羚羊，身体与尾部像鱼。为黄道十二宫之一，称摩羯宫。汉译又作摩竭、摩伽罗等。常见于古代印度的雕塑、绘画艺术之中。传入中国后有所变化。后演变为一种纹饰，常出现于建筑装饰和器物之上。（图 259）1983 年陕西省西安市太乙路工地出土唐代摩羯纹金杯一件，现收藏于陕西历史博物馆。

图 259　摩羯

粲 càn。【杨粲墓】宋代墓葬。位于贵州省遵义市龙坪区永安乡。为南宋播州安抚使杨粲夫妇合葬墓，结构为石砌平顶双室墓，墓内以技艺精湛的石刻装饰，具有很高的历史价值和观赏价值。1982年公布为全国重点文物保护单位。【沈粲】（1379—1453），明代书法家。字民望，号简庵。华亭（今属上海市）人。其书法飘逸遒劲，名重一时，真、行皆佳，尤工草书。作品有《简庵诗稿》、《重建华亭县治记碑》等。

翀 chōng。【张翀】（生卒年不详），明代画家。字子羽，号浑然子、图南。江都（今江苏南京）人；一作江宁（今南京）人。以人物画见长，亦作山水画。作品有《松下高士图》、《桂花美人》等。【张鹏翀】（1688—1745），清代画家。字天飞，一作天扉，

又字抑斋，号南华、南华散仙，人谓之"漆园散仙"。嘉定（今属上海）人。其诗名天下，书法苍劲，又擅山水，人称"三绝"。作品有《林壑清秋图》、《溪山平远》、《松石图镜心》等。

翏 liù。【翏生盨】西周晚期青铜食器。传世共三件。椭圆，有盖，附耳。盖上有曲尺形钮，可却置。通体饰瓦棱纹。器、盖各铸相同铭文6行50字，记述器主"翏生"随周王东征南淮夷之事，具有极高的史料价值。该器现藏上海博物馆。

翎 líng。【翎毛】鸟翎与兽毛，代指以鸟兽为题材的中国画，也指画中的鸟兽。宋·郭若虚《图画见闻志·论制作楷模》："画翎毛者，必须知识诸禽形体名件。"【翎毛二轴】南宋毛益画作。毛益（生卒年不详），南宋画家。昆山（今属江苏）人，一作沛（今江苏沛县）人。工画翎毛、花竹。作品有《黄鹂出谷图》、《荷塘柳燕图》、《牧牛图》、《猿图》等。

翚（翬） huī。【王翚】（1632—1717），清代画家。字石谷，号耕烟山人、乌

月山人、清晖老人等。江苏常熟人。被称为清初画圣。其山水不拘一家，广采博揽，集唐宋以来诸家之大成，熔南北画派为一炉。其画在清代极负盛名。作品有《秋树昏鸦图》、《康熙南巡图》（与杨晋等人合作）、《断崖云气图》、《虞山枫林图》、《仿王蒙秋山草堂图》等。

俏 xiāo。【蔡俏】（生卒年不详），宋代书法家。仙游（今福建厦门）人。作品有《致子通都监尺牍》等。

翣 shà。1. 古代出殡时的棺饰，有等级区别。《礼记·礼器》：“天子崩，七月而葬，五重八翣；诸侯五月而葬，三重六翣；大夫三月而葬，再重四翣。”2005 年，陕西省韩城梁代村墓地曾出土翣的实物，为青铜质，巨型片状，饰于外棺顶部。2. 古代帝王仪仗中的大掌扇。3. 古代钟鼓架上的饰物。《礼记·明堂位》：“殷之崇牙，周之璧翣。”

綦 qí。【王綦】（生卒年不详），明代画家。字履若，一字履石。吴县（今江苏苏州）人。其山水画结构奇幻，人物、树石、花鸟皆略写

形似，不拘泥于画法。作品有《松林清话图》、《溪桥红树图》、《冬梅图》、《东篱秋色图》等。【綦母潜诗句】明代赵宧（yí）光书法作品，属草篆，其体貌介于篆隶之间。赵宧（yí）光（1559—1625），明代书法家、篆刻家。详见 42 页“宧”条“赵宧光”。

緐 fán。同“繁”。【叔緐簠】现多做“叔繁簠”。春秋早期青铜食器。器身遍饰夸张、抽象化的象首纹，器腹内底铸铭文“吴王御士尹氏叔緐簠”2 行 11 字。1957 年北京市海淀区东北旺村出土，现收藏于首都博物馆。此器应属长江下游吴国大臣“叔緐”所有，后辗转传至燕国，并在北京出土。（图 260）

图 260　叔緐簠（春秋早期）

縈 yíng。【齐縈姬盘】春秋中期青铜水器。圆形，浅腹，圈足，二腹耳。腹与足均饰蟠龙纹一周。两耳顶端皆有并列二卧兽。内底有铭文 4 行 23 字。是齐国縈姬为其侄

女所作陪嫁媵器。该器现藏于北京故宫博物院。

繇 yáo。【钟繇】(151—230)，三国时期曹魏书法家。字元常。颍川长社（今河南长葛东）人。历来多以之为中国书史之祖，对中国书法史影响很大。与东晋书法家王羲之并称为"钟王"。其真迹早佚，所存《宣示表》、《贺捷表》、《荐季直表》、《丙舍帖》等皆为后人摹刻。

纛 dào。古代用牦牛尾或野鸡尾作成的舞具。《尔雅·释言》："纛，翳（yì）也。"郭璞注："舞者所以自蔽翳。"【午纛神女图】清代万寿祺画作。立轴，纸本，荣宝斋藏。万寿祺（1603—1652），明末清初文学家，书画家。详见 12 页"隰"条"隰西草堂集"。

麹（麴）qū。姓。汉有麹义，见《后汉书·献帝纪》。【麹氏高昌】公元 499—640 年，麹氏在高昌（今新疆吐鲁番盆地）建立的割据王朝，前后历十主。后为唐所灭。史称"麹氏高昌王朝"。【麹斌造寺碑】全名《宁朔将军麹斌造寺碑》，北朝石碑。麹氏高昌延昌十五年（575）麹干固立。正反两面刻文，正面铭文述其父麹斌生前施舍田宅建造佛寺之"功德"，反面刻麹斌于建昌二年（556）施产造寺时所订立之契约。此碑内容丰富，有较高文献价值。此碑原于宣统三年（1911）在吐鲁番三堡（即阿斯塔那）出土，后运至迪化（今乌鲁木齐市），初置荷花池，后移至将军署，并为其建立碑亭。此后下落不明，今只存拓本。

趞 què。【十五年趞曹鼎】西周中期青铜食器。立耳，垂腹，三柱足内侧作平面形，器口俯视呈圆三角形。腹上部饰一周顾龙纹。铭文 57 字，记述恭王十五年，周王赏赐趞曹之事。该器现藏于上海博物馆。

趠 chuò。【厚趠方鼎】西周中期青铜食器。口沿外折，双立耳，方腹直壁，下部微内敛，下承细长柱足，器身四角饰扉棱。腹四壁均饰兽面纹，兽面纹长角下垂于两侧，体躯省略。足部饰兽面纹。内壁铸铭文 5 行 34 字，记述器主"厚趠"受廉公赏赐之事。该器宋代已见著录，今藏上海博物馆。（图 261）

图 261　厚趉方鼎（西周中期）

趉 yǐn。【师趉鬲】西周中期青铜食器。侈口，折沿，束颈，附耳，分裆，袋形腹，蹄形足，腹部有扉棱。全器纹饰由三种纹样组成，腹部以回形纹为地，上以凸起的六只巨大的回首夔龙纹为主体纹饰；颈部饰双首夔龙回曲纹带；附耳内外两侧均饰以重环纹。器内壁铸铭文 5 行 29 字，其中"师趉"为作器者名。该器为传世品，现收藏于北京故宫博物院。（图 262）

图 262　师趉鬲（西周中期）

趗 chì。【趗尊】西周中期青铜酒器。侈口，低体，垂腹，圈足外侈。颈饰凤纹一道。腹内底有铭文 8 行 68 字。铭文反映了西周时期世袭官制，其中"趗"为作器名。该器现收藏于上海博物馆。

趖 qiáo。【齐趖父鬲】春秋早期青铜食器。宽平沿微向外折，束颈，折足，足下端作阔蹄形。腹部与足对应处各饰一扉棱，腹饰象首纹。铸有铭文 16 字，其中"齐趖父"为作器者名。1981 年 4 月山东临朐泉头村 2 号墓出土，共有两件，形制、纹饰、铭文均相同，现藏于山东临朐县博物馆。（图 263）

图 263　齐趖父鬲（春秋早期）

趗 quán。【叔趗父卣】西周早期青铜酒器。椭方体，低垂腹，低圈足。盖如帽，弧形缘，盖顶有圈形把手。肩设环角形龙首提梁。

盖、肩均饰顾凤纹，尾羽长卷。盖、腹各有铭文 8 行 63 字，反映了邢国与軝（dǐ）国的关系。其中“叔趞父”为作器者名。同铭者尚有一尊一卣。1978 年出土于河北元氏县西张村，现藏河北省文物考古研究所。

酓 yǐn。春秋战国时期楚王的氏，文献作“熊”。【酓肯釶（yí）鼎】战国时期青铜水器。匜式鼎，浅盘状，前端有一大流，直口，附耳向外曲张，腹下收，平底，蹄足。腹饰一周凸弦纹，蹄足上部浮雕兽面。器外壁近口沿处有铭文 12 字，自铭“釶鼎”，为楚王酓肯自作用器。“酓肯”，当为楚考烈王熊元。该器 1933 年出土于安徽寿县朱家集李三孤堆，现藏安徽省博物馆。

醜 chǒu。【亚醜钺】商代晚期青铜兵器。长方形，方内，双穿，两肩有棱，弧形刃；器身作透雕人面纹，纹眉、瞳、鼻突起，极富威严。钺正反两面铸铭文“亚醜”，用以表示醜氏家族世代在商王朝内担任武官之职。该器 1965 年出土于山东益都苏埠屯，现藏山东省博物馆。（图 264）

图 264　亚醜钺（商代晚期）

醯 xī。【摩醯首罗天像】唐代铜造像。铜像右腿弓，左腿立，双脚踩牛身。左手叉腰间，右手举于右侧，握长杵；面形丰满，神态威猛。上身饰璎珞，下身着短裙，周身饰飘转的大帔帛。现藏于首都博物馆。摩醯首罗天又称大自在天，原为印度婆罗门教天神，后被佛教引入，是佛教最早吸收的护法神之一。

醴 lǐ。【王醴】（生卒年不详），明代书画家。字三泉。浙江嘉兴人。擅花鸟，晚工山水。作品有《雪梅鸳鸯图》等。【醴峰观】元至民国建筑。又名李封观、里峰观。位于四川省南部县。主殿建于元朝大德十一年（1307），距今已有 700 余年历史。2007 年公布为国家重点文物保护单位。

豕 shǐ。猪。《尚书·召诰》："越翼日戊午，乃社于新邑，牛一，羊一，豕一。"【豕尊】商代晚期青铜酒器。俗称猪尊。通体作野豕形，两眼圆睁，背部鬃毛竖起呈现棱脊状，中脊有一椭圆形孔，上置盖，盖钮为立凤。饰有兽面纹、夔纹、云雷纹。1981年出土于湖南湘潭九华公社，现收藏于湖南省博物馆。（图265）

图265　豕尊（商代晚期）

豳 bīn。古地名。周代先祖公刘所居，其地在今陕西省旬邑县境。《诗经·大雅·公刘》："笃公刘，于豳斯馆。"豳地的民歌被称为"豳风"。【豳风图】以《诗经·豳风》为题材的画作，是《毛诗图》的组成部分。自宋以后，历代都有绘画《豳风图》者，其中当属马和之的《诗经》诗意画最为著名。马和之（生卒年不详），南宋书画家。钱塘（今杭州）人。擅长人物、佛像、山水，其人物师法吴道子、李公麟。独创"柳叶描"，笔法飘逸，着色轻淡，自成一家。其绘画风格与唐代吴道子相仿，人称"小吴生"。作品有《后赤壁赋图》、《鹿鸣之什图》、《节南山之什图》、《唐风图》、《鲁颂三篇图》、《周颂清庙之什图》、《月色秋声图》等。汉代《诗经》学分为四家，即齐诗、鲁诗、韩诗、毛诗。东汉以后，齐、鲁、韩三家诗衰落，独毛诗流传至今，故《诗经》亦称《毛诗》。因此以《诗经》为题材的画作多称为《毛诗图》。

鬲 lì。【鬲伯鬲】春秋前期青铜食器。侈口，束颈，平裆，半圆形柱足。覆碗形盖。肩以下设三条棱脊。口沿

图266　鬲伯鬲（春秋前期）

下饰重环纹，腹饰波曲纹。口沿上铸铭文 13 字，其中"釐伯"为作器者名。该器 1976 年出土于山东日照，现藏山东日照市图书馆。（图 266）

跌 fū。碑下的石座。又指器物的底座。【跏（jiā）跌坐】亦称"结跏跌坐"。佛教中修禅者的坐法：两足交叉置于左右股上，称"全跏坐"。或单以左足押在右股上，或单以右足押在左股上，叫"半跏坐"。据佛经说，跏跌可以减少妄念，集中思想。《无量寿经》："哀受施草敷佛树下跏跌而坐，奋大光明使魔知之。"后泛指静坐，端坐。

跽 jì。古代两膝着地，上身挺直的一种坐式。【跽坐人车辖】西周时期青铜车马具。因上部为跽坐人形，故名。1966 年出土于河南洛阳北窑，现收藏于洛阳市文物工作队。（图 267）车辖，车轴两头的金属键，详见 75 页"辖"条。【跽坐人漆绘铜灯】战国时期青铜灯具。此灯由跽坐人、灯架和灯盘三部分分铸铆接而成。跽坐人偏髻、束冠，身着长袍，腰系宽带，以带钩扣合，两臂平伸，手握丫形灯架，架上托环形灯盘，盘内设

烛座三个，整体髹漆尽脱。1974 年河南三门峡上村岭出土，现收藏于河南省博物院。

图 267　跽坐人车辖（西周）

踵 zhǒng。车的后承轸，指车辖的末端，用以承受车箱横木者。《周礼·考工记·辀（zhōu）人》："五分其颈围，去一以为踵围。"郑玄注："踵，后承轸者也。"

蹶 jué。【蹶张】亦作"蹷（jué）张"。以脚踏强弩，使之张开，谓勇健有力。《史记·张丞相列传》："申屠丞相嘉者，梁人，以材官蹶张从高帝击项籍，迁为队率。"裴骃集解："徐广曰：'勇健有材力开张。'如淳曰：'材官之多力，能脚踏强弩张之，故曰蹶张。'"【蹶张画像石】汉代画像石的一类形象。石刻一肌肉发达之武士瞠目龇牙，

口衔一矢，双脚踏弓，双手奋力上引箭弦，故名之为"蹶张"。此类形象被刻画于墓中，有保护墓主人安全和镇墓的作用。有学者认为是宗布神的形象。民间常把"宗布神"的偶像供奉于宅内，用以镇慑各种鬼怪。

蹴 cù。【蹴鞠（jū）】我国古代的足球运动，发源很早。《汉书·枚乘传》颜师古注："蹴，足蹴之也；鞠，以革为之，中实以物；蹴踘为戏乐也。"参见 166 页"鞠"条。【牙刻"蹴鞠图"笔筒】宋代象牙笔筒。高 16 厘米，上刻绘蹴鞠人物形象，现藏安徽省博物馆。

豸 zhì。【獬（xiè）豸】传说中的异兽。详见 33 页"獬"条"獬豸"。【祁佳豸】（1594—?），清代书画家。字止祥，号雪瓢。山阴（今浙江绍兴）人。工书善画，能篆刻。书法学董其昌；山水宗董源、惠崇、沈周等，善仿诸家山水。作品有《柳亭诗话》、《明ад录》、《读画录》、《桐阴论画》、《广印人传》、《大瓢偶笔》、《百幅庵画寄》等。

貅 xiū。传说中的猛兽。详见本页"貔"条。

貔 pí。传说中的猛兽。《史记·五帝本纪》："（黄帝）教熊、罴（pí）、貔、貅、貙（chū）、虎，以与炎帝战于阪泉之野。"司马贞索隐："此六者，猛兽。可以教战。"【貔貅】传说中的动物。龙生九子之一。徐珂《清稗类钞·貔貅》："貔貅，形似虎，或曰似熊，毛色灰白，辽东人谓之白熊。雄者曰貔，雌者曰貅，故古人多连举之。"传说貔貅纳食四方之财，可旺财运，并有镇宅辟邪的作用。北方或称"辟邪"。（图268）

图 268　貔貅

角 ①jué。青铜酒器。现在名角的青铜器，始于宋人之称。其形制似爵，无两柱，口缘两端左右对称为尖状流；多有盖，盖顶有提手；三足。此类器多属商代，最晚至西周早期，以后未见。（图269）②jiǎo。【画角】古代军用吹奏乐器。【角抵】古代竞技类活动。类似现在摔跤、拳斗一类的角力游戏。汉代百戏之一。汉代帛画、画像砖石上可见角抵图。

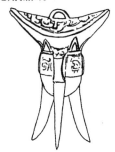

图 269　角

觟（觟）jù。戟、戈的内部向上转为勾形，其下有刃。后出现有单独的，缚于戟、戈的柲上。

觞（觴）shāng。盛满酒的酒杯。《说文·角部》"觞，爵实曰觞，虚曰觯（zhì）。"段玉裁注："《韩诗说》：爵、觚、觯、角、散五者总名曰爵，其实曰觞。"【羽觞】酒器，即耳杯。椭圆形，两侧有弧形双耳，浅腹，平底或高足、饼形足。流行于战国、汉代至晋，多见漆木质、铜质、陶质，也可见玉质。因其形状像爵，两侧有耳，就像鸟之双翼，故名羽觞，又称羽杯。（图 270）【流觞图】清代王元勋画作。立轴，绢本设

色。王元勋（1728—1807），清代画家。字汀洲。山阴（今浙江绍兴）人。善画人物、山水、鸟草虫，尤擅传神写照。作品有《春夜宴桃李图》、《赤壁夜游》等。

图 270　羽觞

觥（觥）gōng。古代酒器。用兽角制，后也用木制或青铜制。《说文·角部》："觥，兕牛角可以饮者也。从角，黄声。其状觥觥，故谓之觥。"现在通称为觥的青铜器，多见于宋代以来著录。一般形制为椭圆形腹，圈足或四足，前有短流，后有半环状鋬，上有盖，盖作有角兽首形。其流行时间约在商代中期至西周早期。（图 271）

图 271　觥

觶（觶）zhì。酒器。觶作器名见于东周礼书，其形制无明载。《礼记·礼器》："宗庙之祭，贵者献以爵，贱者献以散，尊者举觶，卑者举角。"青铜器中未见有自名为觶者，今称之为觶是从宋人之说。其形制特征为：器身横截面多作圆形或椭圆形，敞口，或有盖，束颈，鼓腹较深，腹径略大于口径，或与口径相近，下有较高的圈足。出现于商代中期，通行至西周早期，西周早期以后较少见。（图272）

图272　觶

觿（觿、觽）xī。古代解结的工具，用骨、玉或青铜制成，形如锥。也可做配饰。《诗经·卫风·芄（wán）兰》："芄兰之支，童子佩觿。"朱熹集传："觿，锥也，以象骨为之，所以解结。"【玉觿】角形玉器。造型可能来源于兽牙，原始社会有佩带兽牙的习俗，后来以玉仿之，始有玉觿。玉觿最早出现于新石器时代，商代流行，其后历西周、春秋战国，至汉而不衰，汉以后逐渐衰落。玉觿除用于佩带装饰的功能外，古人还以此作解系绳结的工具。（图273）

图273　玉觿

虢 guó。古国名。周文王弟虢仲之封地，故城在今陕西省宝鸡市东，为西虢；另有文王弟虢叔之封地，在今河南省成皋县虢亭者，为东虢。此外文献记载还有南虢、北虢。现在河南三门峡市区北面的上村岭发现有虢国墓地，并发掘出土大量珍贵文物，为研究西周封国历史提供了重要的实物资料。现为全国重点文物保护单位。【虢季子白盘】西周晚期青铜水器。圆角长方形，四曲尺形足，口大底小，略呈放射形，四壁各有两只衔环兽首耳。口沿饰一圈窃曲纹，下为波带纹。为迄今所见最大的一件青铜盘。盘内底铸铭文8行111字，铭文记述了虢季子白奉王命征伐西戎猃狁（xiǎn yǔn）有功，于周庙受赏的情况。虢季子白为作器者名。据考证，此器道光年间出土于陕西宝鸡虢川司，现收藏于中国国家博物馆。与另外两件传世的西周青铜器——散氏盘、毛公鼎并称为西周三大青铜器。（图274）【虢国夫人游春图】唐代张萱画作。原作已失，现存宋摹本，绢本设色，现收藏于辽宁省博物馆。此画再现了唐玄宗的宠妃杨玉环的三姊虢国夫人及其眷从盛装出游的场景。张萱（生卒年不详），唐代杰出画家。京兆（今陕西西安）人。生活于唐代开元天宝间，工画人物。作品有《捣练图》、《虢国夫人游春图》等。

图274　虢季子白盘（西周晚期）

鼍（鼉） tuó。扬子鳄，也称鼍龙、猪婆龙。

其皮可以制鼓。《吕氏春秋·季夏纪》："是月也，令渔师伐蛟（jiāo）取鼍。"【双鸟鼍鼓】商代晚期铜器。器作横置的鼓状，在其顶部上方中部雕铸有相背的双鸟，鼓身下部有四小足。鼓身满饰纹饰，两端鼓面饰仿鼍皮的鳞状纹饰，鼓边缘饰有乳钉纹三排。该器为传世品，现收藏于日本泉屋博古馆。（图275）鼍鼓，即用鼍皮蒙的鼓。1980年山西襄汾县陶寺遗址出土一件鳄鱼皮蒙制的木质鼍鼓。

图275　双鸟鼍鼓（商代晚期）

隹 zhuī。【隹父癸尊】商代后期青铜酒器。大敞口，筒形腹，高圈足。颈、腹、足各饰扉棱、兽面纹、鸟纹、雷纹。足内有铭文3字，其中"隹父癸"为作器者名。现收藏于上海博物馆。（图276）

图 276　隹父癸尊
（商代后期）

雒 luò。【雒城遗址】汉代城址。位于四川省广汉市雒城镇。在遗址内发现有篆书"雒城"、"雒官城墼（jī）"铭文砖砌筑的墙基，并多次发现城墙墙基和铭文砖，以及大量的绳纹筒瓦、云纹瓦当、陶豆及东汉五铢钱等，应是汉代广汉郡治"雒城"所在地。1991 年公布为四川省文物保护单位。

魼（魼） sū。【晋侯魼鼎】西周晚期青铜食器。口微敛，折沿方唇，球形腹，圜底，两附耳，蹄形足。口沿下饰鳞纹和弦纹一周。器内壁铸铭文 3 行 13 字，其中"晋侯魼"即文献所见晋献侯苏。该器 1992 年出土于山西曲沃北赵村晋侯墓地 8 号墓，现藏山西省考古研究所。

鲠（鯁） gěng。【沈士鲠】（1621—1644），明代书画家。字正初，号履堂。籍贯不详。善画人物、山水，笔墨类唐寅。传世作品有《山水》、《元日题诗》等。

鲥（鰣） shí。鲥鱼，鱼名。【鲥鱼竹笋图】清代王素画作。王素（1794—1877），清代画家。字小梅，晚号逊之。甘泉（今江苏扬州）人。善画人物、花鸟、走兽、虫鱼。作品有《二湘图》、《春雷起蛰图》等。

鲵（鯢） ní。动物名。俗称娃娃鱼，亦名山椒鱼。【鲵鱼带钩】西汉青铜带钩。带钩呈鲵鱼状，头大、身肥、尾长，四鳍作游动状。四鳍上饰阴刻花纹。背部一侧有"日利八千万"5 字铭文。1978 年出土于贵州省威宁中水秦汉墓葬，现收藏于贵州省博物馆。（图 277）

图 277　鲵鱼带钩（西汉）

鲻 zī。【鲻山遗址】新石器时代遗址。位于浙江省余姚市。文化内涵包括河姆渡文化、良渚文化和商周时期文化，以河姆渡文化堆积为主。1997年公布为浙江省文物保护单位。

鱓 shàn。【李鱓】（1686—1762），清代著名画家，扬州八怪之一。字宗扬，号复堂，别号懊道人、墨磨人。扬州府兴化县（今江苏省兴化市）人。其早年宫廷工笔画造诣颇深，善画大写意花鸟，精于诗书画的结合，以题诗发挥画意，作品对晚清花鸟画有较大的影响。作品有《松藤图》、《冷艳幽香图卷》、《蕉鹅图》等。

鞅 yāng。套在牛马颈上的皮带。《说文·革部》："鞅，颈靼（dá，柔软的皮革）也。"

鞘（韒） qiào。亦作"韒"。刀剑套。唐·慧琳《一切经音义》："鞘，《方言》：'剑削也。'"

鞠 jū。亦作"毱"。古代的一种球，以革为囊，内填以毛，宋代以后出现充气的皮球。原以之练习武事，后始以脚踢为戏。又名蹴（cù）鞠、蹋鞠。《说文·革部》："鞠，蹋鞠也。"徐锴系传："按蹋鞠以革为圆囊，实以毛，蹴（cù）蹋为戏，亦曰蹋鞠。"参见161页"蹴"条"蹴鞠"。

鞶 pán。古代男子束衣的腰带，革制，常佩玉饰。《说文·革部》："鞶，大带也。"后也指一般腰带。又古人佩于鞶用以盛手巾细物的小囊叫"鞶囊"，也单称"鞶"。

骹 qiāo。1. 矛上用以容柄的部位。矛体分身、骹二部，骹为直筒状，开口处较粗下渐细，用以装矛柄的銎（qióng）。《方言》卷九："骹谓之銎。"郭璞注："即矛刃下口。"2. 古代车轮的辐，较粗的一端与车毂相连接，名为股；较细的一端同轮牙相连接，名为骹。《周礼·考工记·轮人》："参分其股围，去一以为骹围。"

髡（髠、髨） kūn。古代刑法，剃发以示惩罚。《说文·髟部》："髡，剃发也。"【髡残】（1612—1692），清代画家。出家为僧后名髡残，字介丘，号石谿（xī）、白秃、石道人、残道者等。湖广武陵（今湖北省常德）人。本姓刘。明末遗民，入清为僧。

精山水，与石涛合称"二石"，又与朱耷、弘仁、石涛合称"清初四画僧"。作品有《云洞流泉图》、《层岩叠壑图》、《雨洗山根图》等。

髤（髤） xiū。同"髹"。赤黑漆。《仪礼·乡射礼》："楅（bì）髤横而拳之。"郑玄注："髤，赤黑漆也。"后引申为以漆涂物，即"髤漆"。《史记·货殖列传》："木器髤者千枚。"张守节正义："颜（师古）云：'以漆物谓之髤。'"

鬲 lì。亦作"鬲"。古代炊器。早在新石器时代陶鬲就已经广泛使用。青铜鬲仿自陶鬲，流行于商代至春秋时期，战国晚期青铜鬲逐渐消失。其形制类似于鼎，有三足，但三足中空。与鼎用途类似。青铜鬲又有自铭为"鼎"、"羞鬲"、"齍（zī）鬲"等的。（图278）

图278 鬲

鈲 guō。【鈲比盨】西周晚期青铜食器。椭方体，双兽首耳，圈足，下有四兽首短足。失盖。口缘饰一周重环纹，腹饰瓦棱纹。器内有铭文121字，其中"鈲比"为作器者名。"比"旧释为"从"。该器为传世品，现收藏于北京故宫博物院。（图279）

图279 鈲比盨（西周晚期）

鬶（鬶） guī。古代陶质炊器。从上至下由流、颈、腹和把手、袋足及实足根组成。是大汶口文化和龙山文化的代表器形之一。其分布范围广泛，北到河北北部，东到辽东半岛和上海，南至广东，西至西安都有发现，分布的中心区域在山东南部和苏北地区。后逐渐演变为酒器，见于二里头遗址。商代初年绝迹。（图280）《说文·鬲部》："鬶，三足釜也。有柄喙。"段玉裁注："有柄可持，有喙可写物。"

图280　鬶

鬯　chàng。古代宗庙祭祀用的香酒。以郁金草合黑黍酿成。【鬯圭】古代礼器。玉制，祭祀时用以酌鬯酒，故名。【锡鬯】朱彝尊的字。参见24页"彝"条"朱彝尊"。

黉（黌）　hóng。古代学校名。《广韵·庚韵》："黉，学也。"五代·徐铉《进校定〈说文〉表》："黉，学堂也。"【太康黉学】清代建筑。位于河南省太康县。始建于明宣德元年（1426），崇祯十五年（1642）毁于战乱，清顺治五年（1648）重建。是历代尊孔儒师们"宣教化、育贤才、善民俗"的讲学之所，在文化和建筑上具有很高的价值。1986年公布为河南省文物保护单位。

黹　zhǐ。做针线，刺绣。【织锦绣绢针黹盒】汉代针黹盒。以苇作胎，外用绢、锦等织成花纹，锦上还有精美的锁绣花纹。针黹盒内装纺线锭、缠线板、线轴等，均是汉代珍贵的纺织工具。高16.9厘米，长31厘米。1999年出土于武威市磨嘴子汉墓，现藏于甘肃省博物馆。

黻　fú。1. 古代礼服上所绣青黑相间的"亚"形花纹。《尚书·益稷》："藻火粉米，黼（fǔ）黻絺（zhǐ）绣。" 2. 古代作祭服的蔽膝，用熟牛皮做的大巾。《左传·桓公二年》："衮冕黻珽。" 3. 古代大夫的礼服。《礼记·礼器》："礼，有以文为贵者，天子龙衮，诸侯黼（fǔ），大夫黻，士玄衣纁（xūn）裳。"【赵黻】（生卒年不详），宋代画家。字亚亭，号屺（qǐ）堂。京口（今江苏镇江）人。作品有《江山万里图》等。

黼　fǔ。1. 古代礼服上所绣黑白相间的花纹。取斧形，象临事决断。《尚书·益稷》："藻火粉米，黼黻（fú）絺（zhǐ）绣。" 2. 古代诸侯的礼服。《礼记·礼器》："礼，有以文为贵者，天子龙衮，诸侯黼，大夫黻，士玄衣纁裳。"

鼎 dǐng。古代炊器。早在新石器时代就已经出现。青铜鼎仿自陶鼎，常见者多为圆腹、三足、两耳，也有方形四足者。青铜鼎是商周青铜器中数量最多，地位最重要的器类。除具有炊器和盛食器的功能外，还是宴飨、祭祀、丧葬等活动最重要的礼器之一；也被作为王权的象征。亦有将陶鼎作为明器随葬者。（图281）

图281　鼎

鼏 jiǒng。古人举鼎所用木棍。《说文·鼎部》："鼏，以木横贯鼎耳而举之。"

鼐 nài。大鼎。《诗经·周颂·丝衣》："鼐鼎及鼒（zī），兕（sì）觥（gōng）其觩（qiú）。"毛传："大鼎谓之鼐，小鼎谓之鼒。"《尔雅·释器》："鼎绝大谓之鼐。"郭璞注："最大者。"

鼒 zī。小口的鼎。《尔雅·释器》："鼎绝大谓之鼐，圜弇（yǎn）上谓之鼒。"

郭璞注："鼒敛上而小口。"【吴鼒】（1755—1821），清代画家。字及之、山尊，号抑庵，一作仰庵，又号南禺山樵，晚号达园。全椒（今安徽滁县）人。工书画，尤擅人物。【鼏簋】西周早期青铜食器。侈口，腹下部隆起，双牛首耳，圈足上有四象鼻状足。颈部饰目云纹，腹部饰乳钉云雷纹。内底铸铭文2行10字，其中"鼏"为作者者名。现收藏于中国国家博物馆。（图282）

图282　鼏簋（西周早期）

鼖 fén。大鼓。古代军中所用。《周礼·考工记·韗（yùn）人》："鼓长八尺，鼓四尺，中围加三之一，谓之鼖鼓。"郑玄注："大鼓谓之鼖。以鼖鼓鼓军事。"

鼗 táo。鼓名。今为长柄的摇鼓，俗称拨浪鼓或货郎鼓。汉以前，鼗鼓有柱子贯穿，用时竖立；汉以后改变为现在的形制。（图283）《周礼·春官·小师》："掌教鼓、鼗、柷（zhù）、敔（yǔ）、埙（xūn）、箫、管、弦、歌。"郑玄注："鼗如鼓而小，持其柄摇之，旁耳还自击。"

图283 鼗

齎 zī。古代盛谷物的祭器。《周礼·天官·九嫔》："凡祭祀，赞玉齎。"郑玄注："玉齎，玉敦受黍稷器。"

龢 hé。【虞龢】（生卒年不详），南朝书法家。会稽（今属浙江余姚）人。作品有《论书表》。【翁同龢】（1830—1904），近代著名政治家、书法家。字叔平，号松禅，别署均斋、瓶笙、松禅、瓶庐居士、并眉居士等，别号天放闲人，晚号瓶庵居士。江苏常熟人。工诗，间作画，尤以书法名世。

鯍 chí。【邵鯍】（生卒年不详），清代书法家。字仲恭。丹阳（今属江苏）人。传世书迹有《到京帖》等。

参考书目

辞书

汉语大字典编辑委员会：《汉语大字典》，湖北长江出版集团·崇文书局、四川出版集团·四川辞书出版社，2010 年。

汉语大词典编纂处：《汉语大词典》，上海辞书出版社，2007 年。

中国社会科学院语言研究所词典编辑室：《现代汉语词典》，商务印书馆，2005 年。

国家文物局：《中国文物精华大辞典》（陶瓷卷、青铜卷、书画卷、金银玉石卷），上海辞书出版社、商务印书馆（香港）有限公司，1995—1996 年。

俞剑华：《中国美术家人名辞典》，上海人民美术出版社，1998 年。

何贤武、王秋华等：《中国文物考古辞典》，辽宁科学技术出版社，1993 年。

伍蠡甫：《中国名画鉴赏辞典》，上海辞书出版社，1993 年。

刘正成：《中国书法鉴赏大辞典》，中国人民大学出版社，2006 年。

杨再春：《中国书法工具手册》（上、下），北京体育学院出版社，1987 年。

文物著录

杨伯达：《中国玉器全集》（上、中、下），河北美术出版社，2005 年。

故宫博物院：《故宫青铜器》，紫禁城出版社，1999 年。

中国美术全集编辑委员会：《中国美术全集》，上海书画出版社、上海人民美术出版社，1984—1989 年。

中国青铜器全集编辑委员会：《中国青铜器全集》，文物出版社，1993—1998 年。

四川省文物考古研究院：《巴蜀埋珍》，四川出版集团、天地出版社，2006 年。

中国历代名画集编辑委员会：《中国历代名画集》（1—5 卷），人民美术出版社，1964—1965 年。

中华五千年文物集刊编辑委员会：《中华五千年文物集刊》（明画篇、元画篇、宋画篇、法书），（台湾）裕台公司中华印刷厂，1985—1986 年。

论著

谭其骧：《中国历史地图集》，中国地图出版社，1982 年。

魏子孝、聂莉芳：《中国古代医药卫生》，商务印书馆，1996 年。

罗西章、罗芳贤：《古文物称谓图典》，三秦出版社，2001 年。

周锡保：《中国古代服饰史》，中国戏剧出版社，1984 年。

袁杰英：《中国历代服饰史》，高等教育出版社，1994 年。

周汛、高春明：《中国衣冠服饰大辞典》，上海辞书出版社，1996 年。

沈从文：《中国古代服饰研究》，上海世纪出版集团、上海书店出版社，2002 年。

赵超：《云想衣裳——中国服饰的考古文物研究》，四川人民出版社，2004 年。

王绍曾、罗青：《古代刑罚与刑具》，山东教育出版社，1989 年。

金家翔：《中国古代乐器百图》，安徽美术出版社，1993 年。

国家计量总局：《中国古代度量衡图集》，文物出版社，1981 年。

罗哲文：《中国古代建筑》，上海古籍出版社，1990 年

王其钧：《中国古建筑图解》，机械工业出版社，2007 年。

孙机：《汉代物质文化资料图说》（增订本），上海古籍出版社，2008 年。

杜廼松：《中国古代青铜器简说》，书目文献出版社，1982 年。

朱凤瀚：《古代中国青铜器》，南开大学出版社，1994 年。

朱凤瀚：《中国青铜器综论》，上海古籍出版社，2009 年。

张增祺：《滇国青铜艺术》，云南人民出版社、云南美术出版社，2000 年。

马承源：《中国青铜器》（修订本），上海古籍出版社，2001 年。

牛世山：《神秘瑰丽：中国古代青铜文化》，四川人民出版社，2004 年。

马承源：《中国古代青铜器》，上海人民出版社，2008 年。

冯先铭：《中国古陶瓷图典》，文物出版社，1998 年。

（美）福开森：《历代著录画目》，人民美术出版社，1997 年。

张顺芝、林为民、高观锁：《三希堂法帖》，北京日报出版社，1984 年。

中国古代书画鉴定组：《中国古代书画目录》，文物出版社，1986—1993 年。

后　　记

　　本书的编写，实属偶然。2009年冬，我因工作需要，曾往北京保利艺术博物馆小作参观。当时同行的人没有一个不称赞保利博物馆藏品的精美。但在参观的同时也产生一个问题，便是对于藏品的牌示，总有一些文字不能切实地认得。这虽然无碍于观览的进行，却令人感到有些遗憾！总之，是降低了观赏的乐趣。由此，我联想到了全国博物馆也存在同样的问题。我身为院长，尚且惭愧于不能尽识有关文物的生僻字，对于游客和大多数文物工作者来说，无疑是面临着相同的困难。

　　博物馆是为广大社会公众服务的机构，其重要职责之一就在于展示中华文化的精粹，使公众对于我国悠久的历史文化产生一种亲切的体会和认知。倘若公众在观展过程中遇上一些文物生僻字，而手边又并无一部专门的字典可供翻检之用，无疑会影响很好地领略与欣赏！

　　为此，我们萌生了编写这本小册子的念头，旨在为公众提供一点检索的方便，同时也算尽了一点文化普及方面的责任。所幸，这一想法先后得到了凉山州博物馆刘弘、唐亮先生的认同。

经过近两年的辛勤努力，这本小册子终于草成。这在我们，固然值得欣慰，但同时也使我们深感惶恐。我们深知我们的学力其实不足以承担这开创性的重任，唯有凭着自己的热情，放手做去。至于为功几何，荣辱毁誉，固非所计也。

本书在编撰过程中，曾向全国众多兄弟博物馆奉上初稿，征求大家的意见。其间得到了宁夏博物馆、青海省博物馆、深圳博物馆、河南三门峡市虢国博物馆等兄弟馆和中国钱币博物馆黄锡全，湖北省博物馆蔡丹，陕西乾陵博物馆樊英峰，故宫博物院王素、任昉，甘肃省博物馆俄军，山东省东营市博物馆荣子录，广东省博物馆刘丹，海南省博物馆何国俊等专家学者的热情支持和指点，并提出了许多切实的书面建议，给予了我们极大的鼓励和支持，增强了我们编好这本小册子的信心。

2011 年 3 月，编者又邀请了武汉大学陈伟教授，四川大学霍巍教授、彭裕商教授，四川省考古研究院高大伦、李昭和、陈显丹研究员，成都永陵博物馆樊一研究员等人召开了座谈会。诸位师友充分肯定了我们编辑《常见文物生僻字小字典》工作的意义，并对初稿提出了许多具体的修改意见，为我们编好这本小册子打好了坚实的基础。

本书出版前夕，曾蒙四川大学彭裕商教授、陕西省考古研究院王辉研究员、中华书局辞书编辑部侯笑如主任、中华书局西南编辑室张苹主任，及我院魏学峰副院长为我们审读全稿，并提供重大修改意见。在此，谨对他们表示诚挚的感谢！

四川省委宣传部黄新初部长，四川省文化厅郑晓幸厅长给予了我们极大的关心与支持。

　　四川省文物局王琼局长、赵川荣副局长、博物馆处李蓓处长对我们开展的这项工作也给予大力支持。

　　在本书即将付梓之时，承蒙李学勤先生赐序，感激之情，难以言表！谨向所有关心支持我们的专家、领导、朋友表示衷心的感谢！

　　我们自知学识浅薄、水平有限，因此书中想必存在着许多不足之处，切盼国内外各方家宿儒能够不吝赐教，惠加指正，以帮助我们修订完善。

盛建武

2011 年 10 月于锦城浣花溪畔